GWAWR
a storïau iasoer eraill ar gyfer
dysgwyr hŷn

W0006108

GWAWR

a storïau iasoer eraill ar gyfer
dysgwyr hŷn

IVOR OWEN

GWASG GOMER
1988

Argraffiad Cyntaf - 1988

ISBN 0 86383 472 8

© Mrs. Ivor Owen ©

Gwobrwywyd y nofel hon yn Eisteddfod Genedlaethol Abergwaun 1986. Fe'i cyhoeddir trwy ganiatâd caredig Llys yr Eisteddfod Genedlaethol.

Cyhoeddwyd dan nawdd Cynllun Llyfrau Darllen Cyd-bwyllgor Addysg Cymru

Argraffwyd gan J. D. Lewis a'i Feibion Cyf.,
Gwasg Gomer, Llandysul, Dyfed

CYNNWYS

1. Gwawr

Archaeolegydd enwog ydy Dr Llinos Morris. Mae hi'n enwog nid yn unig yng Nghymru ond trwy Brydain i gyd ac ar gyfandir Ewrop. Yn sicr does neb yn gwybod mwy na hi am hen gladdfeydd ac olion pobl yr hen oesoedd yng Nghymru, ac mae hi wedi bod yn cloddio o un pen i'r wlad i'r llall. Fe welwch ei hanes hi'n aml yn y papurau newydd, a'i gweld hi nawr ac yn y man ar y teledu. Ond mae mwy o sôn amdani hi y dyddiau hyn oherwydd y gwaith a'r cloddio mae hi a'i chriw o weithwyr wedi bod yn ei wneud ar Dwyn y Benglog i lawr yn y Fro. Mae'n debyg fod y twyn wedi cael yr enw Twyn y Benglog oherwydd bod ffermwr ers llawer dydd wedi darganfod penglog wrth droi'r tir yn un o'r caeau ar y twyn. A dweud y gwir, yr enw dynnodd sylw Dr Morris yn y lle cyntaf a gwneud iddi hi fynd yno i gloddio—ar ôl cael caniatâd y ffermwr sy'n berchen ar y tir ar hyn o bryd.

Yn fuan ar ôl i Dr Morris a'i gweithwyr—hanner dwsin o fyfyrwyr coleg—ddechrau cloddio ar y twyn, fe ddaethon nhw ar draws nifer o feddau a'r rheiny heb fod yn ddwfn o dan wyneb y pridd. Ac wrth gwrs, pan agorodd y criw y beddau a chael sgerbydau ynddyn nhw, roedd rhaid i bobl y papurau newydd a'r teledu ddod yn haid fusneslyd i'r lle gyda'u camerâu i dynnu lluniau, a'u meicroffonau a'u tapiau i holi a holi'r doctor â'u cwestiynau di-stop. A dyna lle roedd yr haid wedyn yn busnesa, yn cerdded yma ac acw trwy'r pridd a'r baw a'u trwynau ymhob dim . . . fel gwaedgwn. Roedden nhw'n niwsans, a Dr Morris a'i chriw yn cael dim llonydd ganddyn nhw. Roedd yn gas gan y doctor a'r myfyrwyr eu gweld.

Wrth gwrs fe fu raid i Doctor Llinos Morris ymddangos ar y teledu i gael ei holi am y gladdfa yma ar Dwyn y Benglog, ac i sôn am y lluniau roedd hi ei hun wedi eu tynnu, lluniau'r sgerbydau'n gorwedd yn eu beddau. Ac yn wir, roedd gweld y lluniau o'r sgerbydau ar y sgrîn gyda'u penglogau hyll a'r tyllau gwag lle bu'r llygaid, yr esgyrn a'r dannedd creulon fel dannedd anifail gwyllt, yn ddigon i godi arswyd ar y bobl oedd yn gwylio'r teledu. Roedd rhaid bod yr holwr ei hun yn teimlo tipyn o arswyd oherwydd dyma fe'n gofyn i Dr Morris, 'Fydd ofn arnoch chi pan fyddwch chi'n cloddio yn y beddau yma . . . yn crafu'r pridd a'r baw i ffwrdd? Fe fyddai crafu fel yna yn ddigon i droi ar fy stumog i. Mae'n siŵr eich bod yn cael teimladau od iawn wrth fyseddu'r esgyrn sychion, marw yma.'

Fel roedd yr holwr yn siarad roedd llun ar y sgrîn, llun o fedd arbennig a'r sgerbwd yn gorwedd ynddo, a meddai Dr Morris, 'Fel y gwelwch chi oddi wrth y llun yma, doedd dim rhaid crafu unrhyw faw i ffwrdd. Mae'r sgerbwd yn gorwedd mewn cist garreg; slabiau fflat o gerrig ydy ochrau'r gist, a slab mawr o garreg ydy'r gwaelod. Roedd dwy garreg fawr, fflat yn gaead ar y gist—dacw nhw'n gorwedd ar y pentwr pridd yna yn y llun. Ac wedi symud y ddwy garreg yma, dyna lle roedd y sgerbwd yn gorwedd fel mewn arch garreg, a doedd dim rhaid crafu unrhyw bridd na baw i ffwrdd. Ac fel y gwelwch, mae'r sgerbwd yn berffaith, y benglog yn gyfan a phob asgwrn yn ei le, hyd yn oed esgyrn y dwylo a'r traed.

'Ond i ddod yn ôl at eich cwestiwn chi, fydd arna i ofn pan fydda i'n cloddio yn y beddau yma . . . yn crafu'r pridd a'r baw i ffwrdd?'

Daeth gwên fach i wyneb yr archaeolegydd. 'F'ateb i ydy, na, fydda i byth yn teimlo unrhyw ofn nac arswyd—fel y bydd rhai pobl, mae'n siŵr. Na, fydd arna i ddim ofn wrth grafu nac wrth fyseddu'r hen esgyrn. Beth sy i'w ofni? Dim . . . Dim . . . Mae'n wir eu bod nhw'n edrych yn ddigon hyll, ac yn ddigon i godi arswyd ar rywun ofnus,' ac fe chwarddodd Dr Morris fel pe bai yna ryw jôc rhyngddi hi ei hun a neb arall. 'Ond fe ddyweda i hyn, pan fydda i'n dodi fy nwylo ar yr esgyrn—yn enwedig pan fydda i'n dodi fy nwylo ar y benglog—fe fydda i'n teimlo rhyw wefr yn rhedeg trwy fy

---

chwarddodd, *she laughed*

mysedd ac i fyny fy mreichiau at fy nghalon, fel pe bai rhyw drydan yn yr esgyrn . . . fel pe bai bywyd o ryw fath o hyd yn yr esgyrn.'

'Bywyd?' meddai'r holwr. 'Does dim byd mwy marw na sgerbwd sy wedi bod yn gorwedd yn y ddaear am gannoedd ar gannoedd o flynyddoedd.'

'Rydych chi'n dweud y gwir, wrth gwrs,' atebodd Llinos Morris a gwên fach ar ei hwyneb. 'Ond fydda i ddim yn meddwl am y sgerbydau fel pethau hollol farw. Ar ryw adeg mewn hanes roedd cnawd dros yr esgyrn fel mae cnawd dros eich esgyrn chi. Ar ryw adeg mewn hanes roedd yr esgyrn a'r cnawd yn gorff yn llawn bywyd ac egni, yn cerdded neu'n rhedeg a hyd yn oed yn dawnsio yma ac acw trwy'r fforestydd neu ar y tir agored, yn dringo'r bryniau a'r mynydd-oedd, yn nofio yn yr afonydd a'r llynnoedd; yn teimlo gwefr wrth weld yr haul yn codi'n goch yn y bore, neu'n crynu gan ofn efallai wrth edrych i fyny at wyneb oer y lleuad yn y nos; yn chwerthin a gweiddi o hapusrwydd, ac yn gorwedd yn gynnes ym mreichiau rhywun ac yn teimlo'r wefr hyfryd o garu yn saethu trwy'r corff. Cofiwch, roedd llygaid yn disgleirio trwy'r tyllau yn y benglog ar ryw adeg ac yn mwynhau harddwch y byd o gwmpas. Roedd gwefusau cochion dros y dannedd, gwefusau i gusanu neu wenu'n llon . . . i wenu a chwerthin fel byddwn ni . . .' Stopiodd Dr Llinos Morris yn sydyn a chwerthin yn braf. 'Yn wir i chi, syr, mae fy nhafod yn rhedeg i ffwrdd â mi,' meddai hi a chwerthin eto.

'Nid eich tafod yn unig sy'n rhedeg i ffwrdd â chi, Dr Morris, ond eich dychymyg hefyd,' meddai'r holwr. 'Rydych chi'n dychmygu hyn i gyd . . . am gyrff yn caru ac ati a chusanu, wrth syllu . . . syllu ar y . . . ar y pethau hyll yma'n gorwedd yn y claddfeydd! Yn wir i chi, mae edrych ar y lluniau yn ddigon i godi arswyd arna i. Wn i ddim sut byddwn i'n teimlo o edrych ar y sgerbydau iawn yn eu

---

ar ryw adeg, *at some period*   cyrff, *bodies*

beddau, neu wrth fyseddu'r hen esgyrn. Rydw i'n siŵr mai teimlo'n sâl byddwn i.' Ond roedd rhyw fath o wên ar ei wyneb yr un pryd, a meddai fe, 'Fyddwch chi'n dychmygu unrhyw beth arall?'

'O, fe fydda i'n dychmygu llawer o bethau, ac yn gofyn llawer o gwestiynau i mi fy hun. Beth oedd lliw y llygaid a'r gwallt? Ai dyn ynteu ddynes oedd perchen rhyw sgerbwd arbennig? Oedd y perchen yn ddewr, neu'n greadur ofnus, ac roedd digon i'w ofni yn yr hen ddyddiau.' A chwarddodd Dr Morris eto. 'Efallai byddwch chi'n meddwl fy mod i'n dwp iawn, ond weithiau fe fydda i'n siarad â'r sgerbwd ac yn ei holi fel pe bai e'n gallu ateb. Ond hyn, wrth gwrs, pan fydd neb arall o gwmpas i wrando ar fy ffolineb.'

'Fe fyddai'n beth od iawn pe bai'r sgerbwd yn eich ateb chi rywbryd! Mae'n siŵr y byddech chi'n cael sioc ofnadwy,' meddai'r holwr. Ac yna, 'Dywedwch, Dr Morris, allwch chi ddweud sut fywyd gafodd perchen rhyw sgerbwd wrth edrych ar yr esgyrn yn y bedd?'

'O, gallwn. Gallwn ddweud llawer. Er enghraifft, un tro fe ddes i ar draws sgerbwd plentyn mewn bedd heb fod ymhell o'r adeilad yma, ac roedd yn amlwg mai bywyd caled gafodd y plentyn heb hanner digon o fwyd.'

'Heb hanner digon o fwyd? Sut roeddech chi'n gwybod hynny?'

'Oherwydd bod clefyd yr esgyrn ar y plentyn—y *rickets*, wyddoch chi—a'r penliniau a'r cymalau i gyd wedi chwyddo, fel y gwelwch chi ar luniau o blant yn Ethiopia a'r Swdân y dyddiau yma, eu cymalau wedi chwyddo'n fawr, a'u boliau'n fawr hefyd . . . er nad oes dim bol gan sgerbwd!'

'Iech! Nawr, Dr Morris, y llun sy ar y sgrîn nawr, y bedd arbennig yma gyda'r sgerbwd perffaith, oes gennych chi unrhyw syniad pa fath o berson oedd perchen y sgerbwd?'

'Oes, mae syniad da iawn gen i. Fe ddywedwn i mai sgerbwd merch ifanc tua deunaw oed ydy hwn. A pheidiwch

rhyw fath, *some sort*

â chwerthin nawr, ond rydw i wedi rhoi enw arni hi,'
meddai'r archaeolegydd a'r wên fach ar ei hwyneb.

'Enw arni hi? Beth ydy'r enw?'

'Gwawr! Enw da ydych chi ddim yn meddwl? Mae'r ferch
yn mynd yn ôl i wawr ein hanes, a dyna pam rhois i'r enw
arni.'

Ysgwyd ei ben wnaeth yr holwr fel pe bai'n ddrwg ganddo
dros y doctor enwog. Ond fe aeth hi ymlaen, 'Fe fyddwn
ni'n gallu dweud llawer mwy amdani hi ar ôl astudio'r
sgerbwd yn fwy gofalus . . . ar ôl inni ddod â'r sgerbwd, a'r
gist garreg hefyd, i'r amgueddfa.'

Roedd yn amlwg fod y syniad o symud y sgerbwd a'i arch
i'r amgueddfa yn gas gan yr holwr, oherwydd meddai fe, 'Fe
fyddwch chi'n codi'r sgerbwd yn ei arch er mwyn ei
arddangos . . . gwneud sioe ohono yn yr amgueddfa? Fe
fyddai'n well pe baech chi'n dodi'r caead yn ôl ar yr arch, a
chladdu'r pridd drosti hi unwaith eto . . . allan o barch at y
meirw. Rydyn ni'r bobl gyffredin heddiw yn dangos parch at
y meirw bob amser. Rydych chi wedi dweud mai merch ifanc
yn llawn bywyd ac egni oedd y sgerbwd ar ryw adeg, ac rydw
i'n meddwl y dylech chi ddangos parch at y ferch—merch
ifanc, bert, efallai—a gadael iddi orffwys yn dawel yn ei
bedd. Fe ddyweda i hyn, pe bawn i'n mynd i'r amgueddfa a
gweld eich arddangosfa, fyddwn i ddim yn meddwl mai
edrych ar sgerbwd y byddwn i, ond ar gorff merch bert fu
farw'n ifanc. Hyn wrth gwrs ar ôl gwrando arnoch chi'n
siarad yma heno; mae dychymyg gen i hefyd, cofiwch.
Meddyliwch am yr holl bobl yn mynd i syllu arni hi a'u
cegau'n agored! Ych-a-fi!' Yn amlwg, roedd yr holwr dan
deimlad mawr, ac fe aeth e ymlaen, 'Fe all melltith ddisgyn
arnoch chi os symudwch y sgerbwd yma. Mae melltith wedi
disgyn ar rai fu'n busnesa ac yn byseddu olion pobl o'r hen
oesoedd, fel y gwyddoch chi'n iawn.'

'Melltith? O, twt, syr! Melltith, wir! Pobl ofergoelus sy'n
credu pethau fel yna,' atebodd Dr Morris. Roedd hithau yn
amlwg dan deimlad mawr erbyn hyn.

'Ofergoelus? Na, dydw i ddim yn ofergoelus, ond parch at y meirw sy gen i,' meddai'r holwr.

'Rydw i'n deall eich pwynt wrth sôn am barch at y meirw, ond nid eich mam na rhyw berson rydych chi'n ei adnabod ydy'r ferch yma, ond rhywun oedd yn byw gannoedd ar gannoedd o flynyddoedd yn ôl mewn hanes. Ac wrth edrych —neu syllu, a defnyddio'ch gair chi—wrth edrych ar y sgerbwd, edrych ar hanes y bydd pobl ac nid ar rywun annwyl, agos, rhywun o'r teulu, efallai.'

'Mae hon wedi bod yn ddigon annwyl i chi roi enw arni hi, Doctor. Ond mae'n ddrwg gen i ddweud bod ein hamser ni'n dod i ben. Un cwestiwn bach cyn gorffen; pryd byddwch chi'n symud y ferch . . . y sgerbwd a'r arch . . . i'r amgueddfa?' gofynnodd yr holwr.

'Yfory . . . prynhawn yfory yn fwy na thebyg, a gobeithio na fydd gwaedgwn y papurau newydd yn disgyn arnon ni,' atebodd Llinos Morris.

'A gobeithio na fydd melltith y ferch Gwawr yn disgyn arnoch chi,' meddai'r holwr. 'Ond diolch yn fawr iawn ichi yr un pryd am ddod yma i siarad â ni . . .'

*   *   *   *

Yn ei chartref yng Nghaerforgan y noson honno roedd Dr Llinos Morris yn teimlo'n ddig iawn—yn ddig wrth yr holwr oherwydd ei sôn am felltith y ferch, ac am iddo ddweud y dylai hi adael y sgerbwd yn ei gist, o barch at y meirw. Yn wir, roedd ganddi hi ddigon o barch at y meirw, ond doedd dim rhaid bod yn rhy sentimental nac yn ofergoelus. Roedd hi'n ddig wrthi ei hun hefyd oherwydd ei bod hi wedi dweud ar y rhaglen deledu y byddai hi'n dechrau ar y gwaith o symud y sgerbwd a'i arch i'r amgueddfa y diwrnod wedyn. Yn sicr, fe fyddai'r gwaedgwn yno yn un haid, a fyddai dim llonydd iddi hi a'r myfyrwyr fynd ymlaen â'u gwaith—gwaith araf a

___

yn fwy na thebyg, *more than likely*   yr un pryd, *at the same time* gofalus iawn. Yn sydyn fe gafodd hi syniad. 'Yn y prynhawn yn fwy na thebyg ddywedais i,' meddai hi wrthi ei hun. 'Felly bydd rhaid inni ddechrau ar y gwaith yn y bore . . . yn y bore bach cyn bod y gwaedgwn wedi codi o'u gwelyau.'

Ffonio wedyn. Ffonio'r myfyrwyr i fod yn barod â'u hoffer ar Dwyn y Benglog erbyn saith o'r gloch y bore. Ac roedd yn hawdd cael gafael ar y myfyrwyr oherwydd eu bod nhw i gyd yn aros yn hostelau'r coleg. Bydden, fe fydden nhw i gyd yn barod ar Dwyn y Benglog gyda'u hoffer am saith . . .

Wrth lwc roedd hi'n fore sych, braf a'r criw myfyrwyr yno'n brydlon ar y twyn am saith o'r gloch. Tra oedd y myfyrwyr yn casglu ac yn paratoi eu hoffer, fe aeth Dr Morris yn syth at fedd y ferch Gwawr, a thynnodd y gorchudd plastig oedd dros y bedd. Tynnodd y gorchudd a'i roi ar y pentwr o bridd, ac edrych i lawr ar y sgerbwd yn gorwedd yno yn hedd a thawelwch y bore. Roedd yn anodd meddwl am unrhyw felltith ar fore mor braf. Safodd y doctor yno ar ei phen ei hun ac edrych, edrych. Yna, 'Wel, Gwawr, mae'n rhaid dy symud di heddiw, ond paid â bod yn ddig wrthon ni am dy symud. Fe gei di orffwys yn dawel yn dy gâs gwydr yn yr amgueddfa, ac fe fydd pobl yn dod i edrych arnat ti a meddwl, efallai, amdanat ti'n ferch fywiog, bert ers llawer, llawer dydd.' Siarad yn ysgafn roedd y doctor enwog; siarad yn ysgafn er mwyn tawelu'r teimlad cas oedd yn ei chalon er pan soniodd yr holwr am ddangos parch at y meirw, ac am y felltith a allai ddisgyn ar rywun am aflonyddu ar y meirw. Aflonyddu? Hy! Doedd gan esgyrn sychion ddim teimladau. Roedd yr holwr ei hun wedi dweud nad oedd dim byd mwy marw na sgerbwd oedd wedi bod yn gorwedd yn y ddaear am gannoedd ar gannoedd o flynyddoedd. Beth bynnag, byddai cael y sgerbwd a'r arch i mewn i gâs gwydr yn yr amgueddfa yn goron ar ei gwaith ar Dwyn y Benglog. Ac wrth edrych ar y sgerbwd perffaith hwn a'r syniadau yma'n

---

offer, *tools, instruments*   er pan, *since*

llanw ei meddwl, sythodd y doctor yn sydyn a theimlo rhyw wefr od yn rhedeg drwyddi, rhyw deimlad o arswyd. Beth oedd yn digwydd? Doedd hi ddim yn gallu credu beth roedd ei llygaid yn ei weld. Aeth ar ei phenliniau a phlygu'n isel, isel ac yn agos at y sgerbwd a syllu ar dyllau gwag y llygaid yn y benglog. Roedd diferion bach o ddŵr yn casglu yn y tyllau, diferion bach o ddŵr fel dagrau . . . fel dagrau. Syllu, syllu o hyd a'i llygaid yn fawr yn ei phen. Dododd ei llaw wrth ei cheg yn ei dychryn. 'Mam annwyl!' meddai hi a'i llais yn tagu yn ei gwddf. 'Beth sy'n digwydd?' Ac fel roedd hi'n syllu felly ar y benglog, a'i cheg yn agored fel llythyren O fawr, disgynnodd dau ddiferyn . . . dau ddeigryn dros esgyrn sychion y bochau . . . a dagrau eraill yn dilyn. 'Mam annwyl! Mae'r sgerbwd . . . mae'r ferch . . . mae Gwawr yn wylo . . . wylo . . . Gwawr yn wylo!'

Ysgydwodd ei phen fel pe bai hi'n ceisio cael gwared ar y syniad hwn o ddagrau. 'Twt! Na! Fi sy'n dychmygu pethau . . . dychmygu . . .'

Plygodd Llinos ymlaen unwaith eto a syllu ar y sgerbwd. Oedd, yn ddigon siŵr, roedd diferion bach o ddŵr . . . dagrau . . . yn casglu yn nhyllau'r llygaid ac yn disgyn . . . disgyn dros esgyrn y bochau. 'Na! Sut yn y byd mawr . . .?' Galwodd Llinos ar y criw o fyfyrwyr i ddod ati, ac fe ddaethon nhw ar frys.

'Edrychwch!' meddai'r doctor mewn llais bach gwan. 'Ydych chi'n gweld beth rydw i'n ei weld?'

Plygodd y criw i edrych, a gweld y diferion . . . y dagrau . . .

'Wel, dyna beth od!' meddai un. 'Jiw! Jiw!' meddai un arall, 'beth ydyn nhw? Diferion bach o ddŵr?'

'Fe wn i beth ydyn nhw,' llefodd Ruth, un o'r merched yn y criw.

'Beth?' gofynnodd pawb gyda'i gilydd.

'Dagrau ydyn nhw . . . dagrau ydy'r diferion bach yna.

---

sythu, *to stiffen*
diferion, *drops*
dagrau, *tears*

cael gwared ar, *to get rid of*
ar frys, *in a hurry*

Edrychwch fel maen nhw'n disgyn dros y bochau,' atebodd Ruth.

'Nonsens,' meddai Dafydd, un arall o'r criw, ac roedd e'n gwybod fel pob un arall o'r myfyrwyr mai merch emosiynol, ofergoelus, oedd Ruth. 'Dagrau yn wir? Diferion bach o ddŵr ydyn nhw, a dim byd arall. Sut yn y byd mawr gall penglog golli dagrau? Mae yna eglurhad syml am y diferion yma, ac o ble maen nhw'n dod.'

Ond doedd neb yn gallu meddwl am eglurhad.

'Rydw i'n dweud eto mai dagrau ydyn nhw,' meddai Ruth, a dyma hi'n penlinio wrth ochr Llinos a phlygu ymlaen a chymryd rhai o'r diferion . . . dagrau . . . ar ei bys. 'Fel y dywedais i, dagrau ydyn nhw, ac maen nhw'n gynnes fel dagrau . . . yn gynnes fel ein dagrau ni ein hunain,' ac roedd dagrau yn llais Ruth ei hun. 'O'r druan fach!'

Ond doedd Dafydd ddim yn fodlon credu mai dagrau oedden nhw nes iddo fe hefyd blygu ymlaen a chymryd rhai o'r diferion ar ei fys. 'Ydyn, maen nhw'n gynnes, gynnes fel dagrau . . .'

'Ie, dagrau,' meddai Ruth, 'ac fe wn i pam mae'r sgerbwd . . . pam mae Gwawr yn wylo.' Roedd enw Dr Morris ar y sgerbwd wedi bod yn jôc rhwng y myfyrwyr, ond nid jôc mo'r peth nawr. Roedd hyd yn oed Dafydd yn barod i ofyn nawr pam roedd Gwawr yn wylo. Meddai Ruth, 'Oherwydd ein bod ni'n mynd i'w symud hi; oherwydd ein bod ni'n mynd i aflonyddu ar ei heddwch hi; rydyn ni wedi aflonyddu digon arni hi wrth godi'r caead oddi ar ei chist. A nawr rydyn ni'n mynd i aflonyddu ymhellach ar ei heddwch hi . . . ar ei heddwch tragwyddol hi . . . a gwneud sioe ohoni trwy ei dodi hi mewn câs gwydr yn yr amgueddfa.'

Edrychodd y myfyrwyr o un i'r llall. A dweud y gwir, doedden nhw ddim yn gwybod beth i'w feddwl na'i gredu. Ond cododd Dr Morris oddi ar ei phenliniau a dodi ei breichiau am Ruth. Roedd rhyw olwg o dristwch mawr ar ei hwyneb.

'Aflonyddu ddywedaist ti, Ruth,' meddai hi. 'Rwyt ti'n iawn. Fechgyn, dodwch y caead yn ôl ar y gist a llanwch y pridd drosti. Ni chaiff neb aflonyddu ddim mwy arni hi na syllu arni hi mewn amgueddfa. Os symudwn ni hi, fe fydd melltith dragwyddol yn disgyn arnon ni . . .'

   Siom gafodd gwaedgwn y papurau newydd pan ddaethon nhw i Dwyn y Benglog yn y prynhawn. Ond fe gawson nhw'r hanes i gyd gan un o'r bechgyn yn ddiweddarach, ac roedd 'y sgerbwd a wylodd' yn fwy o stori iddyn nhw na sôn am ddodi sgerbwd mewn câs gwydr mewn amgueddfa . . . A wyddoch chi beth? Mae mwy o bobl yn mynd i edrych ar y pentwr o bridd ar Dwyn y Benglog nag sy'n mynd i'r amgueddfa . . .

2. Breuddwyd Alun

Deffrodd Alun a chodi ar ei eistedd yn y gwely. Roedd ei chalon yn curo fel drwm. Chwythodd trwy ei ddannedd a sylweddoli ei fod e'n chwys diferu. Roedd ei byjamas yn wlyb amdano fel pe bai e wedi bod yn rhedeg trwy afon. Tynnodd y gôt a'i thaflu i'r llawr wrth ochr y gwely. Ach! Beth oedd yn bod? Beth oedd wedi bod yn digwydd? Daeth y peth yn ôl i'w feddwl. Roedd e wedi bod yn breuddwydio, hen freuddwyd cas a hyll. Yn araf daeth manylion y breuddwyd yn ôl i'w feddwl—yr hen wraig mewn helynt mawr yn galw arno fe wrth ei enw, 'Alun! Alun!' ac yntau'n ymdrechu ei orau glas i fynd ati, ond yn methu symud na llaw na throed —roedden nhw fel pe bai pwysau mawr plwm yn gwasgu arnyn nhw. Ymdrechu o hyd i godi i fynd ati hi, a'r hen wraig yn galw'n daer arno fe o hyd . . . o hyd . . . wrth ei enw . . . 'Alun!' Roedd hi mewn helynt ofnadwy yn rhywle ond yn ei fyw ni allai ddweud ble roedd hi na phwy oedd hi, na beth oedd ei thrwbwl chwaith. Ond roedd ei hwyneb hi'n welw gan boen, a chlwt o waed ar ei thalcen, ac yntau, Alun, o hyd yn ymdrechu i fynd ati i'w helpu. Doedd dim rhyfedd ei fod e'n chwys diferu—roedd e wedi bod yn ymdrechu mor galed. Yna, 'Hy! Breuddwyd! Dim ond breuddwyd wedi'r cwbl . . .' Chwythu trwy ei ddannedd eto, a'i galon yn dechrau tawelu ar ôl sylweddoli mai breuddwyd oedd y cyfan.

Roedd yr ystafell wely mewn tywyllwch; tynnodd Alun gordyn y golau uwchben ei wely, ac edrych wedyn ar y cloc larwm ar y bwrdd bach wrth ochr y gwely. Hanner awr wedi chwech. Byddai'r larwm yn canu mewn munud neu ddwy i'w ddeffro i fynd at ei waith o ddosbarthu papurau newydd y dydd cyn mynd i'r ysgol. Gwasgodd ei fys ar fotwm y larwm i'w stopio rhag canu—doedd mo'i eisiau y bore yma.

chwys diferu, *dripping with perspiration, sweat*

pwysau, *weight(s)*

Roedd e'n ddigon effro erbyn hyn, ond ni allai fwrw'r breuddwyd o'i feddwl. Dyna lle roedd yr hen wraig o hyd a'i hwyneb yn welw gan boen a'r clwt o waed ar ei thalcen. Pwy oedd hi, tybed, a beth oedd yn bod arni hi yn galw mor daer arno fe fel hyn. Arhosodd Alun felly ar ei eistedd yn y gwely a meddwl a meddwl, a holl fanylion y breuddwyd yn glir nawr yn ei feddwl, yn glir i gyd ond am wyneb yr hen wraig; yn ei fyw ni allai ddweud pwy oedd hi na ble roedd hi'n byw . . . O, twt! Breuddwyd oedd y cyfan, a dododd Alun un goes allan o'r gwely . . .

Agorodd drws yr ystafell. Ei fam oedd yno yn ei choban nos.

'O, rwyt ti wedi deffro. Meddwl efallai dy fod ti wedi cysgu'n hwyr achos doeddwn i ddim yn dy glywed di'n symud o gwmpas. A meddwl efallai dy fod ti wedi anghofio rhoi'r cloc larwm ymlaen. Beth bynnag, mae'n bryd iti godi nawr neu fe fyddi di'n hwyr yn mynd i'r siop. A does dim eisiau'r golau yma ymlaen; mae hi'n ddigon golau y tu allan. Mae'r haul wedi codi, os nad wyt ti.' Ac fe aeth hi ac agor y llenni a diffodd y golau yn yr ystafell. Daeth yn ôl at y gwely. 'Oho! Ddim yn gwisgo dy byjamas yn y gwely nawr. Ac nid ar y llawr mae eu cadw chwaith.'

'Maen nhw'n wlyb diferu . . . wedi bod yn chwysu, Mam,' meddai Alun.

'Chwysu? Doedd hi ddim mor gynnes neithiwr.'

'Na, ond fe fues i'n breuddwydio. Fe ges i freuddwyd ofnadwy.'

'Bwyta gormod o gaws i swper. Am beth buost ti'n breuddwydio, dwêd. Am ryw ferch fach siapus mae'n siŵr gen i, a thithau yn yr oed rwyt ti,' a chwarddodd y fam a phlygu i godi côt y pyjamas oddi ar y llawr. 'Ych-y-fi! Maen nhw'n wlyb diferu fel y dywedaist ti.'

'Na, Mam, nid am ferch siapus y bues i'n breuddwydio,

yn ei fyw, *for the life of him* (lit. *in his life*)

ond am hen wraig. Roedd hi mewn helynt ofnadwy, ac yn galw'n daer arna i wrth f'enw o hyd ac o hyd, a minnau'n gwneud fy ngorau glas i godi i fynd ati. Ond roeddwn i'n methu symud—fy nghoesau fel plwm. Wn i ddim pwy oedd yr hen wraig na beth oedd yn bod arni, ond roedd ei hwyneb hi'n welw a gwaed ar ei thalcen. Ac mae arni hi eisiau fy help; rydw i'n gwybod hynny,' a dododd Alun ei ail goes allan o'r gwely.

'O, mae pobl yn breuddwydio pob math o bethau ofnadwy . . . a thwp . . . heb fod llawer o synnwyr ynddyn nhw, ar ôl bwyta gormod o gaws i swper.'

'Mae synnwyr yn y breuddwyd yma, Mam, pe bawn i ond yn gwybod,' meddai Alun gan ail-ddweud y frawddeg yn ei feddwl ei hun, 'pe bawn i ond yn gwybod . . .'

'O, wel, synnwyr neu beidio, mae'n bryd iti godi, neu fe fydd John Roberts yn rhoi'r sac iti am fod yn hwyr. Fe af i i lawr i'r gegin; fe fydd cwpanaid o goffi'n barod iti erbyn iti ymolchi a gwisgo,' ac fe aeth hi a'r gôt byjamas gyda hi . . .

Pan aeth Alun i lawr i'r gegin ar ôl ymolchi a gwisgo, roedd cwpanaid mawr o goffi'n barod iddo a bisgedi ar blât wrth ei ochr. Bwytodd ac yfed heb wybod dim am flas y coffi na'r bisgedi; roedd ei feddwl o hyd gyda'r hen wraig a'i llais crynedig hi'n galw'n ddi-stop yn ei glustiau, 'Alun! Alun!' Uffach! Roedd e'n methu'n lân â chael gwared arni hi. A'r hen wraig oedd ar ei feddwl pan aeth i gymryd ei feic o'r sied yn yr ardd, a'r hen wraig oedd ar ei feddwl pan aeth e trwy ddrws siop John Roberts. Roedd John Roberts yn aros amdano.

'Dyma ti, Alun! Bore da. Saith o'r gloch ar ei ben!' meddai'r siopwr. 'Mae hi'n sych eto y bore yma. Ond sut wyt ti heddiw?'

'E?' meddai Alun fel pe bai e heb glywed yn iawn.

'Sut wyt ti heddiw, ddywedais i,' atebodd y siopwr gan

---

ar ei ben, *exactly* (lit. *on its head*)

edrych i wyneb Alun. 'Rwyt ti wedi deffro'n iawn, wyt ti? Mae rhyw olwg bell iawn yn dy lygaid di.'

'O . . . y . . . ydw; rydw i wedi deffro'n iawn. Mam wedi gwneud cwpanaid o goffi imi cyn dod allan.'

'Un dda ydy dy fam, Alun. Nawrte, dyma'r papurau iti. Maen nhw i gyd yn eu trefn yn y bag, a rhif y tŷ ar bob un ohonyn nhw fel arfer. Dechrau yn Heol y Celyn a gorffen yn Heol y Gollen, ond does dim rhaid imi egluro'r drefn wrthot ti. Rwyt ti'n gwybod am bob tŷ a stryd yn well na neb erbyn hyn, ac yn adnabod pawb sy'n byw yn y tai hefyd, ddwedwn i. Mae'r beic gen ti?'

'Ydy . . . ydy, mae'r beic gen i.'

'I ffwrdd â thi, nawrte,' meddai Mr Roberts, ac i ffwrdd yr aeth Alun a'i fag papurau dros ei ysgwydd, a'r siopwr yn edrych yn ddryslyd arno fe'n mynd fel pe bai e ddim yn siŵr oedd Alun wedi deffro'n iawn. 'Roedd rhyw olwg bell yn ei lygaid e, beth bynnag . . .'

Dringodd Alun ar gefn ei feic a'r bag papurau'n drwm ar ei ysgwydd, a phwyso'n galed wedyn ar y pedalau. Fel arfer byddai'n chwibanu wrth fynd ymlaen, a mwynhau teimlo gwynt ffres y bore ar ei wyneb. Ond nid felly y bore yma. Roedd e ar goll yn ei feddyliau; a reidio . . . reidio ymlaen heb feddwl ble roedd e'n mynd trwy strydoedd maestref Cae-newydd. Yn sydyn sylweddolodd ei fod e wedi pasio Heol y Celyn.

'Wel, uffach! Beth sy'n bod arna i y bore yma? Yr hen wraig yna! Alla i ddim cael gwared arni hi o fy meddwl. O, wel . . . does dim ots . . . fe ddechreua i yn Heol y Gollen a gweithio tuag yn ôl . . .' Pwysodd yn drwm ar y pedalau, ac yn fuan iawn roedd e yn Heol y Gollen.

Roedd chwech o gwsmeriaid gan Alun yn Heol y Gollen. Roedd rhifau'r tai i gyd ar ei gof—2, 8, 10, 15, 18 ac 20. 'Fe ddechreua i yn rhif ugain ym mhen draw'r stryd . . .' A dyma

---

fel arfer, *as usual* ym mhen draw, *in the far end*
tuag yn ôl, *backwards*

fe wrth rif ugain. Dododd y beic i bwyso yn erbyn gât y tŷ a'i
fag papurau gyda fe, a thynnodd gopi o'r *Western Mail* o
waelod y pecyn yn y bag. Gwraig weddw o'r enw Mrs Elias
oedd yn byw yn rhif 20, yn byw yno ar ei phen ei hun ar ôl
colli ei gŵr. Roedd sôn trwy'r faestref fod digon o arian
ganddi hi, a bod hosan yn llawn ganddi hi yn rhywle . . .
rhywle yn y tŷ, efallai. Aeth Alun trwy'r gât ac edrych ar y tŷ.

Roedd y llenni ar draws pob un o'r ffenestri, i fyny ac i
lawr. 'Yr hen wraig heb godi eto,' meddyliodd Alun. 'Dipyn
yn gynnar i hen wraig.' Yna'n sydyn, 'Peth od! Dim ond
llenni'r llofft sy ar gau fel arfer yn y bore fel hyn.' Yna, fel
fflach gwawriodd y gwir arno fe! Hi, yr hen wraig Mrs Elias
oedd yr hen wraig yn ei freuddwyd! Roedd ei hwyneb hi'n
ddigon clir nawr . . . yn welw gan boen a chlwt o waed ar ei
thalcen. 'Mam annwyl! Mae rhywbeth o'i le yma. Dyna pam
y des i'n syth yma yn lle dechrau yn Heol y Celyn fel arfer.
Hi, Mrs Elias, oedd yn fy ngalw.'

Brysiodd Alun at ddrws ffrynt y tŷ a'r *Western Mail* o hyd
yn ei law. Roedd ofn mawr yn ei galon; oedd rhywbeth
ofnadwy wedi digwydd i'r hen wraig? Cododd y caead ar
dwll y llythyrau ac edrych drwyddo cyn stwffio'r papur
newydd i mewn. Safodd yn syn! Roedd y goleuadau ymlaen
trwy'r tŷ mor bell ag y gallai weld. 'Uffach! Mae rhywbeth yn
sicr o'i le fan hyn. Yr hen wraig yn sâl efallai . . . wedi codi yn
y nos efallai a throi'r golau ymlaen . . . efallai ei bod hi wedi
syrthio a thorri ei phen . . . roedd gwaed ar ei thalcen yn y
breuddwyd. Fe ga i weld beth sy'n bod yma nawr.'

Gwasgodd Alun ei fys yn drwm ar fotwm y gloch a'i ddal e
yno, a dyna'r gloch yn canu trwy'r tŷ . . . canu a chanu . . .
Safodd wedyn am funud hir gan edrych trwy dwll y llythyrau,
a'i galon yn curo fel drwm yn ei frest. Ond doedd neb yn
symud yn y tŷ. Gwasgodd ei fys ar y botwm yr ail waith . . . a
gwasgu'n hir . . . hir . . . ac roedd sŵn y gloch yn ddigon i

---

gwraig weddw, *widow* rhywbeth o'i le, *something wrong,
something out of place*

godi'r meirw . . . 'Y meirw! Uffach! Ydy Mrs Elias wedi marw yn y nos, tybed . . . wedi cael ffit neu rywbeth?'

'Mae'n rhaid imi fynd i mewn i'r tŷ yma rywsut.' Ceisiodd wthio'r drws ar agor, ond yn amlwg roedd y drws wedi ei gloi. 'Beth am y bobl drws nesaf?'

Brysiodd at ddrws ffrynt y tŷ drws nesaf a chanu'r gloch. Wrth lwc roedd gŵr y tŷ ar ei draed. Agorodd y drws bron ar unwaith.

'Alun? Ti sy 'na? Beth sy'n bod? Mae golwg wedi gweld ysbryd ar dy wyneb di,' meddai'r gŵr, Mr Lewis wrth ei enw.

'Mr Lewis, mae rhywbeth o'i le drws nesaf . . . tŷ Mrs Elias. Mae'r golau ymlaen trwy'r tŷ, a'r llenni ar draws y ffenestri i gyd. Ac rydw i wedi canu'r gloch ond does neb yn ateb. Mae rhywbeth wedi digwydd i Mrs Elias yn siŵr ichi,' meddai Alun a'i wynt yn dod yn gyflym.

'Y golau ymlaen? Peth od! Roeddwn i'n pasio'r tŷ wedi iddi dywyllu neithiwr, a doedd dim golau ymlaen bryd hynny . . . na'r llenni ar draws y ffenestri . . . dim ond ar ffenestri'r llofft. Dere, Alun! Mae allwedd gennyn ni i fynd i mewn i'r tŷ —y wraig yn mynd i mewn bob dydd i weld sut mae'r hen wraig. Dere! Mae'r allwedd yn hongian yma yn y cyntedd.'

Cymerodd Mr Lewis yr allwedd ond cyn mynd allan trwy'r drws, aeth at waelod y grisiau a gweiddi, 'Cod, Miriam! Cod ar unwaith! Mae rhywbeth o'i le drws nesaf!'

Rhedodd Mr Lewis ac Alun i dŷ Mrs Elias. Agorodd Mr Lewis y drws a gweiddi, 'Mrs Elias! Ble rydych chi?' ond doedd dim ateb. 'Ar y llofft mae hi, mae'n siŵr. Edrych di, Alun, drwy'r ystafelloedd yma ar y llawr, ac fe a i i'r llofft.' Roedd arno fe ofn beth welai Alun yn un o'r ystafelloedd gwely. Corff yr hen wraig efallai, a doedd hynny ddim yn olygfa i lygaid bachgen ysgol. Rhedodd yn gyflym i fyny'r grisiau.

wedi ei gloi, *locked*
bron ar unwaith, *almost at once*
bryd hynny, *at that time, then*

beth welai Alun, *what Alun might see*

Aeth Alun i mewn i'r ystafell ffrynt—y parlwr neu'r lolfa neu beth bynnag oedd enw Mrs Elias ar y lle. Roedd un edrychiad yn ddigon. Roedd yr olygfa welodd e yn ddigon i dorri calon dyn. Welodd Alun erioed y fath annibendod. Roedd pob peth o bob cwpwrdd a drôr wedi eu taflu ar hyd y lle, y cadeiriau mawr wedi eu troi drosodd, a'r dysglau bach pert oddi ar y silff-ben-tân ac o'r cypyrddau wedi eu malu dan draed ar y llawr. Yn amlwg roedd rhyw fandal neu fandaliaid heb ddim synnwyr yn eu pennau wedi bod trwy'r lle fel teirw trwy siop lestri.

Edrychodd Alun yn frysiog trwy ddrysau'r ystafelloedd eraill; yr un oedd yr annibendod ymhob un; popeth wedi eu taflu i'r llawr a'u malu dan draed. Ond dyna lais Mr Lewis o'r llofft. 'Mae Mrs Elias i fyny yma, Alun. Dere i fyny i'r ystafell ffrynt.'

Rhedodd Alun i fyny'r grisiau a'i galon yn ei wddf. Beth welai fe nawr? Sut olwg fyddai ar yr hen wraig? Safodd wrth y drws ac edrych i mewn. Roedd un edrychiad yn ddigon yma hefyd—popeth yn annibendod ar hyd y lle, hyd yn oed dillad y gwely wedi eu rhwygo a'u taflu i'r llawr. Ac yno'n gorwedd yng nghanol yr holl annibendod roedd Mrs Elias druan, ei llygaid ynghau, a Mr Lewis yn penlinio wrth ei hochr. Roedd breichiau Mrs Elias wedi eu rhwymo y tu ôl i'w chefn, a'i thraed wedi eu rhwymo wrth ei gilydd â hen hosan, ac roedd plaster am ei cheg fel na allai hi ddweud gair, hyd yn oed pe bai hi'n ddigon abl i siarad. Ond roedd yn amlwg nad oedd hi ddim yn abl. Roedd clwt o waed wedi sychu ar ei thalcen, a doedd dim amdani ond ei choban nos. Rhaid bod yr hen wraig wedi rhewi i farwolaeth—roedd lliw marwolaeth ar ei hwyneb.

'Ydy hi . . . ydy hi . . . wedi marw?' gofynnodd Alun fel pe bai ofn arno fe ddweud y geiriau . . . fel mae pobl yn siarad yn dawel, dawel mewn ystafell lle mae corff rhyw druan yn

dysglau, *dishes*
yn frysiog, *hurriedly*
fel na allai hi, *so that she couldn't*

gorwedd. Druan o Alun hefyd. Roedd ei goesau'n teimlo'n wan oddi tano, ac roedd fel pe bai lwmpyn yn ei wddf yn ei dagu.

Ysgydwodd Mr Lewis ei ben yn ateb i gwestiwn Alun. Na, doedd hi ddim wedi marw, oherwydd gwelai Alun fod rhyw gryndod trwy ei chorff i gyd.

Wrth benlinio roedd Mr Lewis yn ceisio tynnu'r cordyn oedd yn rhwymo breichiau'r hen wraig . . . ceisio, ceisio . . . a dyna'r cordyn yn rhydd. Tynnu'r hen hosan oedd yn rhwymo'i thraed wedyn, a chodi Mrs Elias ar ei heistedd.

'Dyna ni, Mrs Elias fach. Fe fyddwch chi'n well yn y munud,' meddai Mr Lewis heb wybod yn iawn a allai hi ei glywed e neu beidio. 'Dere di nawr, Alun, i'w dal hi rhag syrthio'n ôl ar y llawr tra bydda i'n ceisio tynnu'r plaster yma. Fe fydd hynny'n job anodd iawn a phoenus, mae arna i ofn.'

Yn araf, araf a gofalus iawn fe geisiodd Mr Lewis dynnu'r plaster oddi am geg yr hen wraig. Griddfannodd hithau yn ei phoen. Druan ohoni hi! Yn araf, araf o hyd a gofalus . . . ac o'r diwedd dyna'r plaster yn rhydd.

'Mrs Elias, ydych chi'n fy nghlywed i?' gofynnodd Mr Lewis gan blygu'n isel wrth ei hochr, a hithau ar ei heistedd ar lawr yr ystafell.

'M . . . m . . . m . . .' oedd y cyfan y gallai'r hen wraig ei ddweud.

'Fe gymera i hi nawr, Alun,' meddai Mr Lewis a rhoddodd ei fraich yn dyner am ei chanol.

'O . . . o . . . o . . .' Yr hen wraig yn dal i riddfan, ond dyma hi'n agor ei llygaid o'r diwedd ac edrych yn wan a dryslyd o'i chwmpas. 'Ble . . . ble rydw i . . . ble . . . pwy . . .'

'Fi, Ifan Lewis drws nesaf sy yma, Mrs Elias.'

'O, Mr Lewis . . .' meddai hi mewn llais bach gwan, crynedig. 'Diolch . . . diolch i chi am ddod.'

'Dim o gwbl,' atebodd Ifan Lewis. 'Nawrte, fe fyddwch

a allai hi, *whether she could*   rhoddodd, *he put*

chi'n fwy cysurus yn eistedd ar y gwely,' a dyma fe'n ei chodi hi yn ei freichiau—un ysgafn o gorff oedd hi—a'i rhoi i eistedd ar y gwely, a'i fraich o hyd yn dyner am ei chanol.

'Teimlo'n well nawr, Mrs Elias?' gofynnodd Mr Lewis.

Ymdrechodd yr hen wraig i nodio'i phen.

'Roeddwn i'n meddwl . . . roeddwn i'n meddwl bod y dynion yna . . . y dynion yna'n mynd i fy lladd i . . . fy lladd i . . . Ond chawson nhw mo f'arian . . . naddo . . . naddo . . .'

'Peidiwch â phoeni amdanyn nhw nawr, Mrs Elias. Fe fyddan nhw'n siŵr o gael eu dal. Ond nawr mae'n rhaid eich cael chi i'r ysbyty. Alun, cer di lawr i ffonio am ambiwlans, a gofyn i'r heddlu ddod yma hefyd. Mae ffôn Mrs Elias yn y cyntedd wrth y drws ffrynt.'

'O'r gorau, Mr Lewis,' atebodd Alun, ond cyn iddo fe fynd trwy'r drws, dyma Mrs Elias fel pe bai hi'n deffro drwyddi.

'Alun . . . Alun ddywetsoch chi?' meddai Mrs Elias.

'Ie, Alun ddywedais i. Bachgen y papurau newydd. Mae e yma nawr. *Fe* welodd y golau ymlaen yn y tŷ a'r llenni ar draws y ffenestri, a meddwl yn siŵr fod rhywbeth o'i le yma. Ac fe ddaeth e i fy nôl i.'

'Alun bach . . . O, Alun . . .' ac ymdrechodd yr hen wraig i droi ei phen i weld ble roedd y bachgen, a'r cryndod o hyd arni. 'Ble . . . ble rwyt ti?'

'Dyma fi, Mrs Elias,' meddai Alun, ac aeth yn agos at y gwely.

'Rydw i yn dy weld ti nawr. O, Alun bach . . . fe glywaist ti fi . . . fi'n galw?'

'Do, fe glywais i chi, Mrs Elias. Eich clywed chi yn fy mreuddwyd,' atebodd Alun. 'Ond doeddwn i ddim yn gwybod pwy oedd yn galw nes imi ddod at y tŷ, a gweld y llenni ar draws y ffenestri ac ati.'

'Do . . . do . . . fe fues i'n galw . . . galw . . .'

Edrychodd Mr Lewis yn ddryslyd ar y ddau. Doedd e ddim yn deall y siarad yma . . . yr hen wraig yn galw ac Alun yn ei

---

peidiwch â phoeni, *don't worry*

chlywed hi yn ei freuddwyd. Ond roedd pethau mwy pwysig i'w gwneud ar y foment. Meddai fe, 'Peidiwch â siarad nawr, Mrs Elias; rydych chi wedi cael amser drwg iawn. Cer di, Alun, i alw am yr ambiwlans i ddod yma ar frys, a ffonia'r heddlu wedyn. Rwyt ti'n gwybod sut i gael gafael arnyn nhw?'

'Ydw, ydw. Naw, naw, naw,' a rhedodd Alun i lawr y grisiau a chodi'r ffôn . . . naw, naw, naw . . . ac fe gafodd e afael ar bobl yr ambiwlans yn syth. Ond roedd rhaid i Alun ateb llawer o gwestiynau a rhoi llawer o fanylion cyn bod yr heddlu'n barod i symud.

Dringodd Alun yn ara yn ôl i'r ystafell wely. Erbyn hyn roedd Mr Lewis wedi lapio blanced am yr hen wraig, ac roedd e wrthi'n brysur yn rhwbio'i dwylo i gael y gwaed yn ôl. Ond dyma rywun yn rhuthro i fyny'r grisiau ac yn syth i mewn i'r ystafell. Mrs Lewis drws nesaf. Safodd ac edrych am foment ar yr annibendod a'i cheg ar agor. 'Tawn i'n marw! Beth sy wedi digwydd yma?' Fe aeth hi'n syth at y gwely. 'Y nefoedd fawr! Mrs Elias fach! Beth maen nhw wedi'i wneud ichi? Ifan, cer i lawr i'r gegin a llanw'r tegell. Mae eisiau dŵr cynnes i olchi'r gwaed yma ar ei thalcen, a gwna gwpanaid iddi hi hefyd—te gwan a siwgwr ynddo fe. Symudwch ddyn! A thynnwch y llenni a diffodd y goleuadau —maen nhw ymlaen trwy'r tŷ. Cer di, Alun, hefyd. Nid dyma'r lle i fachgen ifanc fel ti fod,' ac edrychodd braidd yn gas arno fe.

'Nid dyna'r ffordd i siarad â fe, Miriam,' meddai Mr Lewis braidd yn ddig. '*Fe* sylweddolodd fod rhywbeth o'i le yma, a galw arna i i ddod.'

'Ie, Mrs Lewis . . .' Yr hen wraig yn ei llais bach gwan, crynedig. 'Fi oedd yn galw arno fe . . . galw arno fe achos . . . achos fe ydy'r cyntaf o gwmpas y stryd yma yn y bore. Ac fe glywodd e fi . . . do . . . do . . .'

'Yn fy mreuddwyd, Mrs Lewis,' meddai Alun.

---

cael gafael ar, *to get hold of*   braidd yn ddig, *rather angrily*

Edrychodd Mrs Lewis yn hurt arno fe. Doedd hi ddim yn deall . . . fwy na'i gŵr. Yna, 'Does dim ots am dy freuddwyd nawr. Cer i helpu Ifan gyda'r dŵr cynnes a'r te . . .'

Fe aeth y ddau, Alun a Mr Lewis, i lawr i'r gegin.

'Ga i fynd nawr, Mr Lewis?' gofynnodd Alun fel roedd Mr Lewis yn llanw'r tegell. 'Does dim y galla i ei wneud nawr, ac mae'r beic a'r papurau wrth y gât o hyd . . . gobeithio. Ac fe fydd rhai o'r cwsmeriaid yn cadw sŵn os bydda i'n hwyr gyda'u papurau, ac rydw i'n hwyr yn barod.'

'Paid â phoeni amdanyn nhw, Alun. Fe fyddan nhw'n ddigon bodlon ar ôl clywed beth sy wedi digwydd yma y bore yma. A gwell iti aros nes daw'r heddlu. Fe fydd rhagor o gwestiynau ganddyn nhw. Ac mae gen i gwestiwn hefyd, achos mae yna bethau nad ydw i ddim yn eu deall,' meddai Mr Lewis gan ddodi'r caead ar y tegell a gwasgu'r switsh.

'Beth, Mr Lewis?'

'Y breuddwyd yna roeddet ti'n sôn amdano, a Mrs Elias yn galw arnat ti, a thithau'n clywed. Dydw i ddim yn deall y peth o gwbl.'

'Dydw i ddim yn deall chwaith, Mr Lewis. Ond fe ges i freuddwyd ofnadwy ac roeddwn i'n gweld hen wraig, ac roedd hi'n galw arna i wrth f'enw. Doedd gen i ddim syniad pwy oedd hi nes imi ddod a sefyll o flaen y tŷ a gweld y llenni ar draws y ffenestri ac ati.'

'Hi, Mrs Elias, yn gorwedd ar y llawr yma yn Heol y Gollen, a thithau, Alun, yn dy wely mewn tŷ y pen arall i Gaenewydd, fel pe bai teliffon rhyngoch chi'ch dau? Jiw! Jiw! Pwy all egluro rhywbeth fel yna?'

'Dydw i ddim yn deall y peth o gwbl, Mr Lewis.'

'Wel, mae pobl yn sôn am y fath beth â thelepathi. Rhaid bod rhyw delepathi rhyngot ti a Mrs Elias, ond does neb, hyd y gwn i, wedi egluro sut mae telepathi'n gweithio. Mae gen i gwestiwn arall hefyd, Alun.'

'O?'

'Pam roedd Mrs Elias yn galw arnat ti? Rydw i a'r wraig yn byw drws nesaf iddi hi. Pam nad oedd hi'n galw arnon ni, yn enwedig gan ein bod ni mewn ffordd yn gofalu amdani hi ddydd a nos?'

'Fe alla i ateb y cwestiwn yna, Mr Lewis. Achos mai fi ydy'r cyntaf o gwmpas y stryd yn y bore. Dyna ddywedodd Mrs Elias ei hunan. Ac mae yna un peth arall, Mr Lewis.'

'A beth ydy hwnnw?'

'Fel arfer fe fydda i'n dechrau dosbarthu'r papurau yn Heol y Celyn—dyna'r drefn bob bore—ond y bore yma fe ddes i'n syth ymlaen yma i Heol y Gollen. Roedd hen wraig fy mreuddwyd ar fy meddwl o hyd, ac roedd fel pe bai rhyw bŵer yn fy arwain i ymlaen i dŷ Mrs Elias.'

'Pŵer, Alun?'

'Ie, pŵer, ond alla i ddim egluro beth oedd y pŵer yma.'

'Wel, mae un peth yn sicr, pe baet ti heb sylweddoli bod rhywbeth o'i le pan ddest ti at y tŷ, mae'n ddigon posibl y byddai Mrs Elias druan wedi marw, er bod y wraig yn galw i mewn i'w gweld hi nawr ac yn y man yn ystod y dydd. Byddai, fe fyddai hi wedi marw o sioc . . . a heipothermia. Fe welaist ti'r cryndod oedd arni hi.'

'Jiw! Lwc imi edrych trwy dwll y llythyrau felly, a gweld y golau ymlaen yn y tŷ. Uffach!'

Ond doedd dim amser i siarad ragor, oherwydd dyna'r tegell yn berwi, a'r un foment dyna'r ambiwlans yn aros o flaen y tŷ . . .

Yn yr ysbyty mae Mrs Elias nawr. Roedd hi wedi cael ei thrin yn greulon gan y lladron dorrodd i mewn i'w thŷ yn oriau mân y bore. Ond mae pob gobaith y daw hi'n well yn fuan. Ac mae pob gobaith y caiff y lladron eu dal yn fuan. Dynion o'r ardal oedden nhw, mae'n siŵr, dynion yn credu, fel llawer o bobl eraill, fod ffortiwn i'w chael yn ei thŷ. Ond fel y dywedodd Mrs Elias wrth yr heddlu, doedd hi ddim yn

---

oriau mân, *small hours*

un o'r rhai twp oedd yn cadw eu harian gartref, dan y gwely neu rywle tebyg. Roedd ei harian hi mewn lle mwy diogel o lawer . . . yn y banc . . .

3. Bwli Mawr a Bwli Llai

Dau fachgen ffôl oedd Huw Llywelyn a Melfyn Idris Price, a rhai pobl yn barod i ddweud mai nhw oedd y ddau ffŵl pennaf yn Ysgol Gyfun Caerforgan—y ddau ffŵl pennaf achos eu bod nhw'n meddwl eu bod nhw'n ddynion clyfar, smart er nad oedden nhw'n ddim ond pymtheg oed. Bachgen mawr o gorff oedd Huw Llywelyn, a fe oedd arweinydd y ddau ymhob ffolineb, a Melfyn Idris Price yn llai o gorff ond yn ddigon mawr i godi arswyd ar fechgyn bach yn nosbarthiadau isaf yr ysgol. A dweud y gwir, er ei fod e'n ddigon mawr o gorff, rhyw greadur gwael ac ofnus oedd Melfyn Idris pan oedd e ar ei ben ei hun, ond roedd e'n ddigon dewr pan oedd Huw Llywelyn gyda fe. Bryd hynny rhyw bwdl swnllyd oedd e yn barod i gyfarth o'r tu ôl i'w feistr. A dyna beth oedd Huw Llywelyn, y Meistr! Roedd e'n feistr ar chwarae pob math o driciau gwael, ond dim ond ar y bach a'r gwan roedd e'n chwarae ei driciau.

Ond mae'n rhaid dweud hyn. Pan oedd Huw Llywelyn ar ei flynyddoedd cyntaf yn yr ysgol gyfun, roedd e'n ddigon tebyg i bob bachgen normal arall, yn ddigon parod i eistedd yn llonydd a gwrando ar yr athrawon y rhan fwyaf o'r amser, yn barod i wneud ychydig bach o waith cartref nawr ac yn y man, ac fe fyddai fe wrth ei fodd yn rhedeg o gwmpas maes chwarae'r ysgol mewn gêm griced neu rygbi. Ond roedd yn gas ganddo un peth, a hwnnw oedd mynd i'r baddonau i ddysgu nofio. A'r rheswm dros hynny oedd ei fod yn greadur blewog. Er mor ifanc, yn barod roedd blew bach du yn blaster ar ei frest ac ar ei gefn, a'r bechgyn eraill yn barod i weiddi 'epa' arno fe. Ddysgodd e erioed sut i nofio.

Ie, bachgen normal oedd Huw Llywelyn, ond fe ddaeth newid mawr yn ei hanes, a digwyddodd hynny pan oedd e

---

y ddau ffŵl pennaf, *the two biggest fools*

isaf, *lowest* (but *lower* here)
blew, *hairs*

yn y dosbarthiadau canol yn yr ysgol. Roedd e'n chwaraewr
rygbi da iawn ac roedd e'n disgwyl cael ei ddewis yn gapten
ar y tîm dan-bymtheg yn yr ysgol. Ond bachgen arall, Gwyn
Lloyd, gafodd ei ddewis, ac oherwydd hynny fe bwdodd
Huw Llywelyn. Do, fe bwdodd, a doedd ganddo fe ddim
diddordeb mewn chwarae rygbi ar ôl hynny.

Tua'r amser yma—yr amser pan bwdodd Huw Llywelyn—
roedd cyfres o raglenni am ryw ysgol ar y teledu, ysgol
ddychmygol wrth gwrs, ac roedd Huw yn gwylio'r gyfres
bob wythnos ar ôl dod adref o'r ysgol. Doedd y gyfres hon o
raglenni byth yn sôn am y pethau da y gall plant eu gwneud,
fel casglu arian a dillad i helpu plant yng ngwledydd tlawd y
byd, neu ennill cwpanau a medalau ar y maes chwarae, neu
ennill am ganu neu adrodd neu actio mewn eisteddfodau. I
bob golwg, dim ond bechgyn a merched cwerylgar, bob
amser yn ffraeo ac ymladd â'i gilydd, ac yn chwarae triciau
brwnt ar ei gilydd oedd yn mynd i'r ysgol hon. Doedd dim
sôn am gyfeillgarwch rhwng y plant a'i gilydd, na sôn am
gyfeillgarwch rhwng y plant a'u hathrawon chwaith.

Roedd un cymeriad yn y rhaglenni hyn oedd yn tynnu sylw
Huw Llywelyn bob amser, a fe oedd bwli mawr yr ysgol.
Roedd Huw wrth ei fodd yn gwylio 'campau' y bwli hwn, a
hyn wrth gwrs ar ôl iddo fe bwdu (neu 'llyncu mwnci' fel
bydd rhai pobl yn ei ddweud). Roedd yn gas ganddo bawb a
phopeth (ond am y bwli ar y teledu, wrth gwrs). Roedd e'n
mwynhau gweld sut roedd y bwli mawr yma'n gwneud i
fechgyn llai na fe fynd ar negesau, a dod â sigaréts iddo fe
(roedd Huw wedi dechrau smocio yn gynnar yn yr ysgol
gyfun), a rhoi arian iddo fe er mwyn iddyn nhw gael llonydd
ganddo. 'Arian diogelwch' roedd y bwli'n galw'r arian yma,
a doedd dim un plentyn yn ddiogel os nad oedd e'n talu'r
arian. Os nad oedd e'n talu'r arian diogelwch neu'n dod â
sigaréts, roedd y bwli'n ei drin e'n greulon, yn troi ei freich-
iau neu'n tynnu ei glustiau nes bod y plentyn yn gweiddi yn
ei boen.

cael ei ddewis, *to be chosen*   i bob golwg, *to all appearances*

Ac wrth wylio 'campau' y creadur cas, creulon hwn, meddyliodd Huw Llywelyn, 'Fe alla i gael sbort fel y bachgen yna; cael mwy o sbort nag wrth chwarae rygbi gyda'r Gwyn Lloyd diawl yna. Ac fe alla i dafodi'r athrawon fel mae'r boi yna'n ei wneud, a hynny heb gael fy nghosbi—wel, does dim cansen yn ein hysgol ni. Fe fydda i'n cael sbort, yn enwedig wrth dafodi'r athrawon. Fe allan nhw f'anfon allan o'r dosbarth, siŵr iawn; fe alla i ddianc i'r tŷ bach i gael smôc bryd hynny.'

A dyma fe'n dechrau ar ei 'gampau' bron ar unwaith, ond ar yr un pryd, roedd e'n teimlo'n unig iawn ar ei ben ei hun, ac felly, roedd rhaid iddo fe gael partner. A phwy fyddai'n well na Melfyn Idris Price oedd yn byw yn yr un stryd â fe, ac yn perthyn i'r un dosbarth yn yr ysgol. Roedd y ddau'n cwrdd yn aml ar eu ffordd i'r ysgol, ac yn dod adref gyda'i gilydd yn aml, ac felly, roedd rhyw fath o gyfeillgarwch rhyngddyn nhw yn barod. A phan ddechreuodd Huw alw am Melfyn Idris Price i fynd i'r ysgol, fe dyfodd y cyfeillgarwch yn rhywbeth cryf iawn rhwng y ddau. Ac roedd Price yn ddigon parod i fod yn rhyw fath o lifftenant i'r Capten Huw Llywelyn.

Yn fuan iawn roedd y ddau bartner yn ddychryn i holl fechgyn bach yr ysgol, ac roedd yr arian diogelwch a'r sigaréts yn dod i mewn yn weddol gyflym, a'r ddau greadur creulon wedyn wrth eu bodd ar ddiwedd y dydd yn cyfrif eu stoc. Roedd y bechgyn bach yn arswydo o'u gweld, ac i ffwrdd â nhw fel cwningod yn dianc rhag yr helgwn i'w tyllau yn y ddaear. Ond doedd dim tyllau diogelwch i'r bechgyn bach, dim ond pan fyddai athro neu athrawes o gwmpas, neu rai o fechgyn mawr y chweched dosbarth. Nhw, y ddau bartner, oedd yn gweiddi pan fydden nhw'n cael eu dal gan y bechgyn mawr. Ond doedd ambell gic yn eu tinau neu slap ar draws eu hwynebau ddim yn ddigon i'w stopio nhw rhag poeni'r rhai bach.

campau, *deeds, feats*   tinau, *backsides*
helgwn, *hounds*

Ond un diwrnod fe ddaeth stop sydyn ar holl greulondeb a thriciau brwnt Huw Llywelyn a Melfyn Idris Price. Diwrnod braf oedd hi yn ystod gwyliau'r haf o'r ysgol, ac fe aeth y ddau ar y bws i lan y môr ryw ddeng milltir i ffwrdd o Gaerforgan. Nawr, er mai pymtheg oed oedd y ddau, roedden nhw'n edrych yn henach; roedden nhw'n fechgyn mawr o gorff, yn enwedig Huw Llywelyn. Roedd e'n greadur blewog a'i ên yn las achos roedd e wedi bod yn siafio er pan oedd e'n dair ar ddeg oed. Roedd e'n edrych o leiaf yn ddeunaw oed. Ac felly, cyn mynd i lawr i'r traeth, fe arweiniodd Huw ei lifftenant i mewn i un o'r tafarnau yn agos at y traeth. Swagrodd i mewn trwy ddrws y dafarn, a Melfyn Idris Price yn ei ddilyn fel pwdl ffyddlon. Swagro ymlaen at y cownter, a gofyn i'r ferch y tu ôl i'r bar am ddau beint fel pe bai e wedi hen arfer â galw am ei beint. Ac mae'n rhaid dweud nad hwn oedd y tro cyntaf iddo fe ddal peint o gwrw rhwng ei ddwylo. Fe aeth y peint cyntaf i lawr yn syth er bod Melfyn Idris wedi tagu ychydig wrth geisio yfed mor gyflym â'i gapten; doedd e ddim wedi hen arfer â'r cwrw. Do, fe aeth y peint cyntaf i lawr yn syth—roedd hi'n ddiwrnod braf a syched ar y ddau fachgen achos roedd hi wedi bod mor boeth yn y bws. Ac wrth gwrs roedd rhaid cael smôc gyda'r peint a llyncu gwenwyn y baco i lawr i'w hysgyfaint. A doedd un peint, na dau, na thri ddim yn ddigon i dorri eu syched, ond fe gawson nhw eu stopio ar eu pedwerydd peint oherwydd dyma'r tafarnwr ei hunan i mewn i'r bar. Edrychodd ar y ddau fachgen, ac wrth Melfyn Idris meddai fe, 'Dwyt ti ddim yn ddeunaw oed.' Cydiodd ynddo fe, a chyn pen dim amser roedd Melfyn Idris yn eistedd ar ei din ar y pafin y tu allan i'r dafarn. Dilynodd y capten ar unwaith rhag ofn iddo fe hefyd orffen ar ei din ar y pafin. Aeth at ei gyfaill a'i godi ar ei draed, ac yntau, Melfyn, heb wybod yn iawn ble roedd y poen waethaf, yn ei din, yn ei ben neu yn ei stumog. Sylweddolodd yn fuan mai yn ei stumog roedd y poen waethaf,

henach, *older*

wedi hen arfer, *well used to*

waethaf (gwaethaf), *worst*

a rhaid oedd mynd ar frys i lawr i'r traeth a chael lle bach
tawel yno. Ac yno fe gafodd e wared ar y cwrw, yr un ffordd
ag yr aeth i lawr. Druan ohono fe! Roedd e'n sâl, yn sâl fel ci,
a Huw Llywelyn ei gapten yn chwerthin am ei ben—roedd
stumog fel ceffyl ganddo fe, wedi hen arfer â'r cwrw siŵr
iawn!

Cysgodd Melfyn Idris am ychydig ar ôl hyn yn gynnes yn
yr haul ar y traeth, a deffro wedyn gan deimlo tipyn yn well.
Ond ble roedd ei feistr? Cododd ar ei eistedd ac edrych o
gwmpas, a dyna fe'r capten i lawr wrth y dŵr yn ffraeo gyda
dau fachgen tua'r tair ar ddeg oed, dau fachgen o Ysgol
Gyfun Caerforgan. Roedden nhw'n adnabod ei gilydd, a'r
ddau fachgen tair ar ddeg oed yn gwybod yn iawn sut un
oedd Huw Llywelyn. Roedd cwch bach rwber ganddyn nhw,
a dyna lle roedden nhw nawr yn dal y rhaff ar un pen i'r
cwch, a Huw Llywelyn yn dal y rhaff ar y pen arall, ac
yntau'n ceisio tynnu'r cwch o afael y ddau fachgen. Yn
amlwg roedd arno fe eisiau mynd am drip ar y tonnau, er nad
oedd yn hoffi dŵr y môr fwy nag oedd e'n hoffi dŵr y
baddonau. Rhaid mai'r cwrw oedd yn ei wneud yn fwy dewr
a mentrus. Cododd Melfyn Idris yn sigledig ar ei draed; sâl
neu beidio roedd rhaid iddo fe fynd i helpu ei gapten.
Ceisiodd redeg ar ei goesau gwan, sigledig i lawr at y dŵr.

'Dere!' gwaeddodd y capten wrth ei weld e'n dod. 'Rwyt ti
wedi gwella, rydw i'n gweld. Dere, fe awn ni am reid bach yn
y cwch.' Ac ar yr un pryd, fe ollyngodd e ei afael ar y rhaff yn
sydyn, ac achos bod y ddau fachgen llai yn tynnu ar y pen
arall â'u holl nerth, fe syrthion nhw yn fflat ar eu cefnau ar y
tywod. Ac mewn fflach roedd Huw Llywelyn wedi gwthio'r
cwch i'r dŵr a neidio i mewn iddo.

'Dere! Neidia i mewn!' gwaeddodd y capten ar ei lifftenant,
a baglodd hwnnw trwy'r dŵr, gorau y gallai, a dringo i mewn
i'r cwch. Erbyn hyn roedd y bechgyn ysgol ar eu traed, a
neidiodd y ddau i'r dŵr a cheisio tynnu'r cwch yn ôl at y lan.

---

tonnau, *waves*   gollwng gafael, *to let go one's hold*

Ond cydiodd Huw Llywelyn yn un o'r ddwy rwyf oedd yn y cwch a tharo'u dwylo â hi, ac roedd rhaid iddyn nhw ollwng eu gafael. Ac yna, padlodd Huw Llywelyn y cwch allan i'r môr mawr.

Nawr, roedd baner fach ar ben blaen y cwch, baner y benglog a'r esgyrn croes, baner y môr-ladron, ac roedd y bechgyn bach wedi bod yn cael sbort yn chwarae bod yn fôr-ladron. Pan welodd Huw Llywelyn y faner, roedd rhaid iddo fe hefyd fod yn fôr-leidr. Cododd ar ei draed yn y cwch—yn ddigon sigledig achos bod y cwch yn codi a disgyn gyda'r tonnau—a gweiddi ar ei lifftenant, 'Fi ydy Barti Ddu y môr-leidr dewr a mentrus. Cydia yn y rhwyfau, mêt, a rhwyfa fi draw at y llong acw (er nad oedd dim llong o gwbl yn y golwg). Llong ar ei ffordd i Sbaen o India'r Gorllewin ydy hi, a'i howld yn llawn o aur ac arian a thrysor o bob math. Rhwyfa, mêt, rhwyfa!' Dododd un droed reit ar ymyl y cwch a chododd ei ddwylo at ei lygaid fel pe bai e'n dal sbienddrych i weld llong y Sbaenwyr yn well. 'Dacw hi! Fe'i gwela i hi'n well nawr. Cydia yn y rhwyfau yna, mêt, a rhwyfa fi draw ati hi!'

Roedd y 'mêt' ar ei din ar lawr y cwch, a gwnaeth ei orau glas i godi ar ei benliniau ac estyn am y rhwyfau. Ond roedd e, druan, wedi bod yn sâl a'i goesau'n wan a sigledig o hyd. Cododd ar un ben-lin ac yna, syrthio'n fflat ar ei drwyn. Ac roedd hynny'n ddigon i siglo'r cwch, a siglo Barti Ddu ar ei ben i'r môr! 'Y blydi ffŵl!' oedd geiriau olaf y môr-leidr dewr a mentrus cyn diflannu dan y tonnau.

'Uffach gwyllt!' llefodd Melfyn Idris yn ei ddychryn. 'Allith e ddim nofio. Mae e'n siŵr o foddi! O mam annwyl! Alla i mo'i helpu fe. O, uffern dân!' Edrychodd dros ymyl y cwch i weld a oedd yna ryw olwg o'i gapten. Nac oedd ddim. 'O, mam, mam! Beth wna i? Beth . . .'

Na, doedd dim golwg o Barti Ddu. Fel y dywedodd y bardd am long Madog ers llawer dydd, 'Bwlch ni ddangosai lle bu', a doedd dim bwlch i ddangos lle roedd Huw Barti Llywelyn wedi diflannu. I lawr ac i lawr aeth y Capten Barti, i lawr i

ddyfnder y môr creulon, ac roedd e'n ddigon sobor erbyn
hyn. 'O, mam annwyl, rydw i'n boddi. O, Iesu Grist, helpa fi
nawr! Helpa fi!' Daliodd ei anadl gorau y gallai rhag llyncu
dŵr hallt y môr, a chicio'i goesau a rhwyfo'i freichiau gan
obeithio codi i wyneb y dŵr. Ond roedd hynny'n gwneud
pethau'n waeth . . . a'i ddillad yn drwm amdano . . . ac i lawr,
i lawr roedd e'n mynd i'r tywyllwch mawr. 'O, mam annwyl!
O, Iesu Grist, helpa fi . . . help . . .' Ni allai ddal ei anadl ddim
mwy . . . roedd ei ben a'i frest a'i ysgyfaint yn byrstio . . . 'Iesu
Grist . . . fe fydda i'n fachgen da . . . yn fachgen . . . da . . .'
Roedd rhaid iddo fe dynnu anadl, ond doedd dim aer yno, ac
nid pysgodyn oedd Huw Llywelyn . . . Barti Ddu . . . blwb,
blwb, blwb . . . y clychau dŵr yn dianc trwy ei drwyn a'i geg
. . . blwb, blwb . . . ac yn dawnsio'n ysgafn ffri i wyneb y dŵr
. . . Anadlodd trwy ei drwyn a'i geg . . . a llyncu'r dŵr hallt i
mewn i'w ysgyfaint . . . Maen nhw'n dweud bod holl banor-
ama bywyd dyn yn fflachio o flaen ei lygaid pan fydd e'n
agos at farw fel roedd Huw Llywelyn y funud honno . . . ac yn
enwedig ei bechodau'n fflachio o flaen llygaid dyn, ac roedd
pechodau Huw Llywelyn mor niferus â'r sêr yn y nefoedd . . .
y triciau brwnt a gwael roedd e wedi chwarae ar y bechgyn
bach yn yr ysgol . . . eu trin nhw'n greulon . . . troi eu breichiau
a thynnu eu clustiau . . . 'O, mam, wna i ddim . . . wna i ddim
yfed cwrw . . . na smocio yr hen sigaréts . . . dim sigaréts eto
. . .' a chicio'i goesau a rhwyfo'i freichiau o hyd . . . 'O, Iesu
. . . Iesu da . . .' Roedd e'n colli ei ben yn lân . . . 'Duw cariad
yw . . .' ac anobaith yn gwasgu dwylo oer am ei galon.

'Mae hi ar ben . . . ar ben arna i . . . O, Dduw . . . O, Iesu . . .'
Anadlu eto a phwysau fel plwm yn gwasgu ar ei frest a'i
ysgyfaint o'r tu mewn a'r tu allan . . . Anadlu eto a chicio a
rhwyfo a phob gobaith wedi mynd . . . 'Iesu Grist . . . Iesu da
. . .' Ei glustiau'n byrstio a sŵn mawr yn ei ben . . . Yna,
peidiodd y cicio a'r rhwyfo . . . Peidiodd y sŵn yn ei ben a'i

rhwyfo'i freichiau, *to thrash his
  arms*

waeth (gwaeth), *worse*
clychau dŵr, *bubbles*

glustiau . . . Peidiodd y pwysau mawr ar ei frest a'i ysgyfaint, ac roedd rhyw dawelwch mawr a heddwch yn llanw ei galon, ac roedd yntau mor ysgafn a ffri â'r clychau dŵr yn dawnsio i fyny i wyneb y dŵr . . . tawelwch a heddwch . . . O, mor braf . . . fel mynd i gysgu . . . cysgu . . . a'r funud honno gafaelodd nifer o ddwylo ynddo . . .

★   ★   ★

Y gwir ydy nad oedd y cwch rwber wedi symud ymhell iawn o'r lan, ac nad oedd y dŵr yn ddwfn iawn—yn ddigon dwfn i rywun na allai nofio foddi ynddo, mae'n siŵr. Pan welodd y ddau fachgen tair ar ddeg oed y bwli mawr yn syrthio dros ei ben i'r dŵr, chwerthin yn braf wnaethon nhw. Ond pan sylweddolon nhw fod y bwli'n cymryd gormod o amser i ddod i'r wyneb, a chlywed Melfyn Idris yn sgrechain nad oedd ei gyfaill yn gallu nofio, dyma'r ddau yn neidio i'r dŵr a nofio at y cwch. Plymio wedyn i'r dyfnder (nad oedd yn ddyfnder mawr iawn), a chael gafael ar Huw Llywelyn yn fuan, a'i lusgo wedyn at y lan. Doedd y ddau fachgen ddim yn gwybod rhyw lawer am 'achub bywyd', ond roedden nhw'n ddigon call i wybod bod y truan wedi llyncu llawer o ddŵr, a bod rhaid cael gwared ar y dŵr. Felly, dyma nhw, gyda help Melfyn Idris crynedig, sigledig, yn llusgo Huw Llywelyn a'i roi i orwedd ar ei fol ar y tywod ac eistedd arno er mwyn gwasgu'r dŵr allan ohono fe. Mae'n rhaid eu bod nhw wedi llwyddo oherwydd ymhen munud neu ddwy dyma Huw Llywelyn yn dod ato'i hun gan dagu a phoeri a chwythu fel morfil . . .

Doedd Huw ddim yn siŵr ble roedd e pan ddaeth e ato'i hun, yn uffern neu yn y nefoedd, ond fe gafodd wybod yn fuan ble roedd e gan y bechgyn bach, ac fe gafodd wybod gan ei gyfaill sut roedd y bechgyn wedi ei achub e o'r môr mawr creulon . . .

dod ato'i hun, *come round*
   (conscious)

Ac o'r dydd hwnnw daeth newid mawr dros fywyd Huw Llywelyn. Dydy e ddim yn fwli mawr nawr; fel mater o ffaith fe ydy cyfaill mawr pob bachgen. Yn wir mae e fel tad i bob bachgen bach yn yr ysgol, a dydy e byth yn pwdu chwaith. Fe fydd e'n dechrau chwarae rygbi eto cyn bo hir, ac mae'n gas ganddo sigaréts a chwrw . . .

4. Mali Druan

Roedd hi'n noson olau, hyfryd a'r lleuad yn llawn.

Roeddwn i'n aros ar y pryd yng nghartref fy chwaer, Sara, ym mhentref Gwenfro wrth droed y mynydd. Sara oedd prif-athrawes ysgol y pentref, a hwn oedd y tro cyntaf imi fod yn aros gyda hi. Roedd Sara'n clirio'r bwrdd swper ac roeddwn i'n sefyll wrth y drws cefn agored ac yn edrych allan i'r nos ac i'r goedwig fawr ar ochr y mynydd. Roedd golau'r lleuad fel arian dros bob man. Yn wir roedd hi'n noson hyfryd, a dyma fi'n meddwl, 'Fe fyddai'n braf mynd am dro i fyny trwy'r goedwig acw yn y nos fel hyn . . . yn unig . . . ar fy mhen fy hun. Fe fyddai'n deimlad rhyfedd, rydw i'n siŵr, a dim ond y lleuad a'r coed yn gwmni imi. Fyddai ofn arna i ar fy mhen fy hun? Na, dydw i ddim yn meddwl achos dydw i ddim yn ddyn ofnus o gwbl.' A dyma fi'n dweud wrth fy chwaer, 'Sara, rydw i'n mynd allan am dro.'

'O'r gorau, Emyr,' meddai hi. 'Ble rydych chi am fynd?' (Mae'n beth rhyfedd, efallai, fod Sara a fi'n galw 'chi' ar ein gilydd, a ninnau'n frawd a chwaer. Ond 'chi' roedd ein tad a'n mam yn dweud bob amser pan fydden nhw'n siarad â'i gilydd, ac roedden ni wedi dysgu oddi wrthyn nhw.)

'Roeddwn i'n meddwl mynd am dro i fyny trwy'r goedwig acw . . . ar fy mhen fy hun,' meddwn i'n ateb i'w chwestiwn.

'Beth?' meddai hi. 'I fyny trwy'r goedwig acw . . . ar eich pen eich hun . . . yr amser hyn o'r nos? Na, wir. Does neb yn meddwl mynd am dro trwy'r goedwig acw yn y nos. Mae ofn ar bobl. Byddai ofn arna i hefyd, rydw i'n siŵr.'

'Ofn arnoch chi, Sara? Twt! Mae eich traed chi'n ddigon sownd ar y ddaear.'

'Wel, ofn fy nychymyg yn fwy na dim, Emyr. Ond dewch yn ôl i'r tŷ at y tân. Mae hi wedi oeri a'r drws yn agored.'

Fe gaeais i'r drws a mynd i eistedd wrth y tân. Roedd arna i

yn unig, *alone*

eisiau gwybod pam roedd pobl yn ofni mynd i fyny i'r goedwig yn y nos. Roeddwn i'n siŵr fod stori ddiddorol y tu ôl i'r ofn yma. Ac fe wyddwn i'n iawn y gallai Sara wneud i unrhyw stori swnio'n ddiddorol—roedd hi'n storïwr da dros ben. A meddwn i ar ôl i Sara eistedd hefyd, 'Yr ofn yma, Sara. Yr ofn mynd i fyny i'r goedwig yn y nos. Pam mae ofn ar bobl?'

Edrychodd Sara arna i, a doeddwn i ddim yn siŵr a oedd gwên fach ar ei hwyneb . . . wel, yn ei llygaid, beth bynnag.

'Wel, gadewch inni ddechrau yn y dechrau,' meddai hi a'i llygaid arna i. 'Ydych chi'n gwybod enw'r goedwig?'

'Wel, rydw i wedi clywed pobl y pentref yn sôn am Goed y Wrach,' meddwn i.

'Ie, dyna enw pobl y pentref arni hi, ond enw'r mynydd cyn plannu'r goedwig oedd Esgair Ddu,' meddai Sara. 'Ond allwch chi feddwl sut cafodd y goedwig yr enw Coed y Wrach?'

'Fe fyddai'n ddiddorol gwybod,' meddwn i. 'Ond fe allwn i ddychmygu bod rhyw hen wraig yn byw ar ei phen ei hun yn ei bwthyn unig ar y mynydd cyn plannu'r goedwig. Ac roedd y bobl yn ofergoelus yn yr hen ddyddiau, ac yn hoff iawn o droi pob hen wraig yn wrach, yn enwedig os oedd hi'n byw ar ei phen ei hun. Mae'n siŵr mai tir comin oedd y mynydd ers llawer dydd, ac efallai fod hen wraig yn byw ar y comin bryd hynny. Ond chi sy'n gwybod, Sara, nid myfi.'

'Fe wn i'r hanes yn iawn,' atebodd Sara. 'Rydw i'n byw yma ers pum mlynedd nawr, ac rydw i wedi cael llawer o'r hen hanes wrth siarad â hen bobl y pentref a'r ardal, ac wrth ddarllen hen bapurau ac ati. Ac fe alla i ddweud hyn wrthoch chi, na fyddai neb o'r hen bobl yma'n mentro i'r goedwig yn y nos.'

'Pam? Ofn cwrdd â'r hen wraig, neu'r hen wrach?' meddwn i'n smala. 'A beth am y dynion sy'n gweithio yn y

---

tir comin, *common land*   yn smala, *jokingly*

goedwig? Oes ofn arnyn nhw fynd ar eu pennau eu hunain trwy'r goedwig yn y nos?'

'Does dim rhaid iddyn nhw fynd trwy'r goedwig yn y nos,' atebodd Sara. Ac fe aeth hi ymlaen, 'Rydych chi'n dweud y gwir mai tir comin oedd yr ardal yma ers llawer dydd, a thir gwael iawn oedd e, a thir gwael ydy e nawr hefyd. Dyna'r rheswm dros ei droi'n goedwig achos dydy e'n dda i ddim i dyfu dim byd arall ond y coed sy yno nawr. Beth bynnag, rydych chi'n gwybod yn iawn beth oedd yn digwydd ar y tir comin yn yr hen ddyddiau.'

'Wel, roedd llawer o bethau'n digwydd. Un peth, pan fyddai parau ifanc yn priodi ac eisiau cartref arnyn nhw, fe fydden nhw'n mynd ac yn cymryd darn o'r comin ac yn codi ffens o ryw fath o'i gwmpas . . . ar ôl codi tŷ bach, neu fwthyn dros nos iddyn nhw eu hunain.'

'Ac roedd rhaid iddyn nhw godi'r bwthyn mewn un noson fel byddai'r mwg yn codi trwy'r simnai erbyn y bore,' meddai Sara. 'A dyna un o'r pethau ddigwyddodd ar y comin yma ers llawer dydd. Roedd gŵr ifanc o'r enw Siôn Pyrs wedi priodi â merch o'r enw Mali Cefn Byr—Cefn Byr oedd enw ei chartref—ac fe gymeron nhw ddarn o'r comin a chodi eu cartref yno, a chadw mochyn a buwch ac ychydig o ddefaid, ac ieir wrth gwrs. A Siôn hefyd yn gweithio yr un pryd ar dir y landlord, y tir da i lawr yn y cwm, tir Syr Wynn Watcyn, a thipyn o ddiawl oedd e, meddai'r hanes.'

'Oes gennych chi ryw syniad pryd roedd hyn . . . pryd priodwyd y Siôn yma a Mali?' gofynnais.

'Fe wn i'n iawn pryd roedd hyn. Roedd hyn ym mlynydd-oedd cyntaf y ganrif ddiwethaf pan oedd y rhyfel rhwng Lloegr a Ffrainc. A'r rhyfel yma oedd diwedd Siôn Pyrs. Fe ddaeth y *press gang* heibio i'r ardal a'i gario fe a nifer o ddynion ifanc y lle i ffwrdd. Welod Mali mo'i gŵr byth wedyn, a doedd ganddi hi ddim syniad beth ddigwyddodd

---

priodwyd, *were married* (passive voice)

iddo fe. Ond mae'n ddigon tebyg mai cael ei ladd wnaeth e mewn rhyw frwydr ar y Cyfandir.'

'Druan o Mali ddywedwn i felly.' Roeddwn i'n teimlo drosti hi.

'Ie, druan ohoni hi, ond beth sy'n waeth oedd ei bod hi ar y pryd yn disgwyl ei phlentyn cyntaf. A dyna lle roedd hi ar ei phen ei hun yn y bwthyn bach unig, ymhell o bob man—doedd dim pentref yma y pryd hynny, dim ond bwthyn neu ddau. Ac roedd teulu Mali'n byw mewn cwm arall dros y mynydd yn ddigon pell i ffwrdd, a doedden nhw ddim yn gwybod beth oedd yn digwydd iddi yn ei chartref bach newydd. Mae'n siŵr eu bod nhw'n meddwl ei bod hi'n ddigon hapus gyda'i gŵr yn ei chartref ar y comin. Fel y dywedais i, roedd Mali'n disgwyl ei phlentyn cyntaf, ond doedd neb ganddi i dendio arni pan gafodd y plentyn ei eni. Mab bach gafodd hi. Ond pa siawns oedd gan y plentyn heb neb i dendio arno fe na'i fam. Roedd Mali'n gwybod mwy am ddod ag ŵyn neu loi i'r byd nag am eni plentyn, a bu farw'r mab bach o fewn ychydig ddyddiau ar ôl ei eni.'

'Wel, am stori drist,' meddwn i. 'Ond dywedwch, Sara, ble cawsoch chi'r hanes i gyd am Mali a Siôn ac ati?'

'O, wrth siarad â hen bobl a darllen hen hanes ac ati,' atebodd Sara.

'Fe ddylech chi sgrifennu'r hanes i'r *Cymro* neu'r *Faner*. Ond ewch ymlaen, Sara.'

'Wel, roedd yn amhosibl i Mali ddweud wrth neb am farwolaeth y mab, achos roedd y bwthyn mor bell oddi wrth bob man, ac roedd hi ei hunan yn rhy wan ar ôl y geni i gerdded dros y mynydd i ddweud wrth ei theulu. Ac felly, roedd y corff bach yn gorwedd yn y bwthyn am ddyddiau, a Mali heb wybod beth i'w wneud. Beth bynnag, o'r diwedd fe benderfynodd Mali fod rhaid iddi hi ei hun gladdu'r mab. Ac felly, fe agorodd hi fedd iddo yn agos at y bwthyn; lapiodd y corff mewn hen flanced a'i gladdu fe yno. Allwch chi feddwl, Emyr, beth oedd stad ei meddwl pan oedd hi'n claddu'r truan bach fel yna?'

Roedd yn amlwg i mi nad oedd Sara'n disgwyl ateb, ac fe eisteddon ni yno heb ddweud gair wrth ein gilydd am funud gyfan. Yna, meddai Sara, 'Do, fe gladdodd hi'r mab bach, ac fe wnaeth hi groes o ddau ddarn o bren a'i dodi ar y bedd. A safodd yno am amser hir yn dweud ei phader drosodd a throsodd . . . Ein Tad yr hwn wyt yn y nefoedd . . .'

Yn amlwg, roedd Sara dan deimlad mawr, ac roeddwn i'n ddigon call i fod yn dawel a chau fy ngheg. Ond ar yr un pryd, roeddwn i eisiau gwybod mwy am Mali, ac ar ôl sbel o amser dyma fi'n mentro gofyn, 'Beth ddigwyddodd i Mali wedyn? Arhosodd hi yn ei bwthyn ar y comin?'

Cododd Sara ei phen ac edrych arnaf. Meddai hi, 'Do, fe fu Mali fyw ar ei phen ei hun yn y bwthyn am nifer o flynyddoedd wedyn.'

'Ond sut roedd hi'n byw?' gofynnais. 'Beth oedd ei bwyd ac ati?'

'Wel, roedd y fuwch ganddi hi i roi llaeth iddi, nes i honno farw o henaint. Ac roedd y defaid yn dod ag ŵyn achos roedd Siôn Pyrs wedi gofalu bod hwrdd gyda'r defaid. Ac roedd dŵr i'w gael mewn nant fach oedd yn rhedeg i lawr trwy'r comin. Beth bynnag, roedd hi'n gallu byw ar beth oedd i'w gael o gwmpas y bwthyn ar y comin. Ond mae'n siŵr mai caled iawn oedd ei bywyd heb neb yn gwmni a neb yn dod heibio. Ac o achos ei bywyd caled, roedd hi'n hen cyn ei hamser, a'i gwallt yn wyn ar ei phen. Ac wrth gwrs, beth sy'n digwydd yn aml i bobl sy'n byw ar eu pennau eu hunain heb ddim cwmni o gwbl ydy nad ydyn nhw ddim yn gofalu amdanynt eu hunain yn iawn—ddim yn ymolchi, ac yn gwisgo'r un hen ddillad o ddydd i ddydd. Ac os bydd neb i siarad â chi, wel, siarad â chi eich hunan. Ac felly, o fewn ychydig flynyddoedd roedd Mali'n hen wraig, ei hwyneb a'i dillad hi'n frwnt bob amser, ei gwallt yn flêr fel nyth brân, ac roedd y bwthyn ei hun fel cwt mochyn o frwnt, a thyllau yn y to. Yn ddigon siŵr, doedd dim cysur yno a'r gwynt a'r glaw a'r eira'n chwythu trwy'r lle—dim cysur o gwbl . . . ond roedd un darn bach o dir yn lân bob amser . . .'

'Ac fe alla i feddwl beth oedd y darn bach hwnnw,' meddwn i.

'Gallwch yn ddigon siŵr—bedd y mab bach. Roedd hi'n cadw hwnnw'n lân bob amser, ac fe fyddai blodau ganddi hi ar y bedd yn eu tymor, ac fe fyddai hi'n eistedd wrth y bedd am oriau yn grwnan wrthi ei hunan fel cath yn canu grwndi, ond rhyw ganu grwndi trist iawn fyddai ei chanu hi.'

Wrth wrando ar Sara'n dweud yr hanes fel hyn, roeddwn i'n dechrau synnu faint roedd hi wedi dysgu am Mali druan. Roeddwn i'n dechrau meddwl efallai mai un o'i storïau ei hunan oedd hon, achos roedd hi wedi ysgrifennu dau lyfr o storïau byrion, ac roedd tipyn o enw ganddi hi fel sgrifennwr storïau. A meddwn i, 'Nid un o'ch storïau chi eich hunan ydy hon?'

Daeth gwên fach i'w hwyneb. 'O, mae pobl yr ardal yma'n sôn am Mali hyd y dydd heddiw, ac rydw i'n mynd o gwmpas a'm clustiau yn agored. Rydych chi'n gweld, Emyr, er bod bwthyn Mali mor bell o bob man, fe fyddai rhywun neu'i gilydd yn mynd heibio nawr ac yn y man yn y flwyddyn —rhyw bâr ifanc yn chwilio am le i godi eu bwthyn eu hunain ar y comin, efallai—ac fe fydden nhw'n gweld Mali'n eistedd wrth y darn bach glân yma o dir, a phob man arall yn flêr a'r tyllau yn y to ac ati. Weithiau byddai rhywun yn galw ''Bore da'' arni hi wrth basio, a byddai Mali'n codi ei phen a rhyw olwg wyllt yn ei llygaid, a byddai pwy bynnag alwodd arni hi'n meddwl mai hen wrach oedd hi, ac i ffwrdd â fe neu hi nerth eu traed. Roedd ofn gwrachod ar y bobl ofergoelus yn yr hen ddyddiau—ofn y byddai'r wrach yn rhoi rhyw felltith arnyn nhw. Ac wrth gwrs, fe fyddai'r sôn am y wrach yn mynd trwy'r ardal fel tân trwy siafins . . .

'Fe ddigwyddodd i ŵr un dydd weld y groes a'r blodau lle roedd Mali'n eistedd, ac roedd e eisiau gwybod mwy, a dyma fe'n galw ar Mali, ond arhosodd e ddim am ateb achos fe gododd Mali ar ei thraed a rhedeg at y dyn gan ei felltithio.

canu grwndi, *to purr*

Mae'n rhaid mai dyn bach ofnus oedd y gŵr achos i ffwrdd â
fe nerth ei draed a melltith Mali'n ei ddilyn nes ei fod e allan
o'i chlyw. Fe allwch chi fod yn siŵr fod llawer o sôn a siarad
trwy'r ardal wedyn, a'r bobl yn ceisio meddwl beth oedd
dan y groes a'r blodau. Ac fe gawson nhw wybod cyn bo hir.'

'Sut, Sara? Beth ddigwyddodd?' gofynnais.

'Wel, rydych chi'n gwybod yn iawn beth ddigwyddodd i
lawer o'r tir comin yn y ganrif ddiwethaf.'

'Gwn. Fe gafodd llawer o'r tir comin ei gau gan y tirfedd-
ianwyr, gan y landlordiaid.'

'Do, ac fe gaewyd y mynydd gan Syr Watcyn Wynn
Watcyn, sef mab yr hen Syr Wynn. Roedd Syr Wynn wedi
mynd i'w fedd cyn ei bryd—wedi bod yn edrych gormod ar y
gwin tra oedd yn goch.'

'Beth ddigwyddodd i Mali pan gaewyd y mynydd?'

'Fe'i taflwyd hi allan, ac yn wir i chi, fe gawson nhw helynt
ofnadwy gyda hi. Roedd hi'n melltithio pawb oedd yn dod
yn agos ati hi, ac yn gweiddi nad oedd hi am adael ei mab
bach ar ei ben ei hun ar y mynydd oer. Roedd ei chlywed hi'n
ddigon i dorri calon dyn, meddai'r hanes. Ond o'r diwedd fe
ddaeth dau o ddynion cryf i'r bwthyn a chario Mali i ffwrdd
yn un o gerti Syr Watcyn i'r tloty newydd yn nhref fach
Pen-y-waun.'

'A'r bedd, Sara?'

'Agorwyd y bedd wrth gwrs, ac yno roedd sgerbwd y
baban bach. Claddwyd y sgerbwd wedyn yn nhir yr eglwys
ym Mhen-y-waun gan y ficer. A dyma beth sy'n od a rhyfedd
iawn, ac yn ofnadwy iawn hefyd. Fe fu'r ddau ddyn agorodd
y bedd farw yn fuan wedyn. A phobl yr ardal yn meddwl
wrth gwrs fod y ddau wedi eu melltithio gan Mali druan.
Ond mae'n fwy na thebyg mai o'r colera neu ryw salwch
cyffredin arall y bu'r ddau farw; roedd y colera'n digwydd
yn aml yn yr hen ddyddiau.'

---

fe gaewyd y mynydd, *the
  mountain was (en)closed*
fe'i taflwyd hi, *she was thrown*

agorwyd y bedd, *the grave was
  opened*

'Fe wn i. Fe fu miloedd farw ym Merthyr Tudful o'r colera mewn un flwyddyn. Ond beth am Mali yn y tloty? Lleoedd ofnadwy oedd y tlotai, meddai'r hanes. Fu Mali yn y tloty'n hir?'

'Naddo, ddim yn hir iawn. Wrth gwrs, roedd hi wedi drysu yn ei meddwl a byddai hi'n melltithio pawb oedd yn dod yn agos ati hi, ac yn enwedig roedd hi'n melltithio Syr Watcyn Wynn Watcyn. Er ei bod hi wedi drysu yn ei phen, roedd hi'n cofio'n dda iawn gan bwy y taflwyd hi allan o'i bwthyn ar y mynydd. Beth bynnag, un diwrnod fe ddihangodd Mali o'r tloty, ac wrth gwrs, roedd rhaid chwilio amdani hi. Chwilio a chwilio ymhob man, ac yn y diwedd fe gafodd rhywun y syniad mai'r peth naturiol iddi ei wneud fyddai mynd yn ôl i'w hen gartref, i'r hen fwthyn, tua saith milltir o Ben-y-waun. Chwilio amdani hi yno wedyn, ac yno y cawson nhw hi . . . yn gorwedd ar dwll yn y tir lle roedd y bedd wedi bod . . . ac roedd hi wedi marw.'

'Wedi marw . . . Mae'r stori'n anhygoel,' meddwn i. Roedd yn anodd credu popeth roedd Sara'n ei ddweud.

'Anhygoel? Mae mwy i ddod. Wedyn, wrth gwrs, fe dyfodd y syniad ymhlith yr ofergoelus fod ysbryd Mali'n cerdded y mynydd, yn enwedig pan fyddai'r lleuad yn llawn fel mae hi heno, a byddai ofn ar bawb fynd yn agos i'r lle, yn enwedig ar ôl cael corff Syr Watcyn un diwrnod yn agos i'r man lle roedd y bedd wedi bod.'

'Beth? Cael corff Syr Watcyn wrth y bedd? Anhygoel eto.'

'Wel, dyna'r stori, Emyr. Fe gawson nhw'r corff ac roedd y llygaid led y pen ar agor a rhyw ddychryn ynddyn nhw fel pe baen nhw wedi gweld ysbryd. Ac roedd pobl yr ardal wedyn yn berffaith sicr ei fod ef a'i geffyl wedi gweld ysbryd Mali, a'r ceffyl wedi dychryn a neidio a thaflu Syr Watcyn oddi ar ei gefn. Trawodd Syr Watcyn ei ben ar graig, ac er mor galed oedd ei ben, roedd y graig yn galetach.'

drysu yn ei meddwl, *mentally deranged*

'Fe ddywedwn i mai cyd-ddigwyddiad oedd y cyfan,' meddwn i.

'Cyd-ddigwyddiad neu beidio, fe fu Syr Watcyn farw trwy gael ei daflu oddi ar ei geffyl yn agos i'r fan lle roedd bedd y baban bach. A wyddoch chi beth, Emyr, mae ofn ar bobl fynd yn agos i'r lle, hyd y dydd heddiw, achos pan ddaeth y dynion i blannu'r goedwig, tua hanner can mlynedd yn ôl, doedd neb o'r gweithwyr yn barod i fynd yn agos at yr hen gartref. Wrth gwrs, roedd yr hen fwthyn yn adfeilion—fel mater o ffaith doedd dim byd ar ôl o'r bwthyn, dim ond pentyrrau o gerrig a phridd lle roedd y waliau wedi bod, a'r drain a'r rhedyn wedi tyfu drostyn nhw. Fel y dywedais i, doedd neb o'r gweithwyr yn fodlon mynd yn agos at yr adfeilion, ac felly, mae yna un darn o dir yn y goedwig lle does dim coed yn tyfu.'

'Dim coed o gwbl?'

'Dim coed o gwbl! Ac os ewch chi am dro trwy'r goedwig, fe welwch chi'r darn yma o dir agored eich hunan. Ond dydych chi ddim am fynd am dro ar ôl clywed yr hanes yma am Mali, a gwybod bod ei hysbryd yn cerdded y mynydd o hyd, yn barod i felltithio unrhyw un sy mor ffôl â mynd yn agos i'r hen fwthyn—adfeilion nawr, wrth gwrs.'

'Ydw, rydw i am fynd am dro . . . nawr . . . heno. Does dim ofn ysbrydion arna i achos dydw i ddim yn ofergoelus. Hoffech chi ddod gyda fi, Sara?'

'Dim diolch. Mae ofn ysbrydion arna i . . .' A thybed oedd y wên yna yn ei llygaid eto . . . 'Neu ofn fy nychymyg, efallai . . .'

Wrth gwrs, ar ôl gwrando ar stori Sara, roedd rhaid imi fynd am dro er mwyn dangos iddi hi ac i mi fy hunan nad oedd ofn ysbrydion arna i. Ac felly, dyma fi'n gwisgo anorac ysgafn, ac i ffwrdd â fi'n syth . . .

Yn wir roedd hi'n noson hyfryd, olau; roedd hi'n bleser

adfeilion, *ruins*   rhedyn, *ferns*
drain, *thorn bushes*

bod allan a theimlo'r gwynt ysgafn, ffres ar fy wyneb. Roedd
y pentref ei hun mor dawel â'r bedd heb neb allan ar y stryd,
ond roedd golau yn y rhan fwyaf o'r tai. Ymlaen â fi a
cherdded ar hyd y ffordd fawr nes dod at y llwybr oedd yn
arwain i fyny'r mynydd ac i'r goedwig. Ac mewn ychydig o
funudau roeddwn i yn y goedwig ei hun. Ac yn wir i chi, yno
rhwng y coed, heb ddim sŵn i'w glywed ond sisial y gwynt,
roeddwn i'n teimlo mai fi oedd yr unig berson byw yn y
byd . . .

Dringais i fyny'r llwybr, i fyny ac i fyny'r mynydd, a'r coed
yn gwmni cyfeillgar ar bob ochr. Nawr ac yn y man roeddwn
i'n gweld pâr o lygaid byw yn edrych arna i fel pe baen nhw'n
gofyn pwy oedd y ffŵl yma oedd yn mentro trwy'r goedwig
yr amser hynny o'r nos; ac yna, roedd y llygaid yn diflannu,
ac roedd sŵn ysgafn rhywbeth, rhyw anifail bach, yn symud
rhwng y coed. Ac fe glywais i lwynog yn cyfarth yn y pellter.
A doedd dim ofn arna i . . . dim ofn . . . Teimlo ychydig bach
yn anghysurus efallai . . . ie, anghysurus, efallai, ond dim
byd mwy na hynny . . .

Dringo ymlaen . . . i fyny . . . ac i fyny . . . ac yna'n sydyn
dyna ddarn o dir agored lle nad oedd dim coed yn tyfu, ac
roeddwn i'n gwybod lle roeddwn i. Sefais ac edrych, fy
meddwl yn rhedeg yn ôl at y stori roedd Sara wedi bod yn ei
hadrodd imi wrth y tân yn y tŷ. Roedd y lle yn arian i gyd yng
ngolau'r lleuad ond am y düwch lle roedd pentyrrau bach o
bridd a cherrig a'r drain a'r rhedyn drostyn nhw—adfeilion
yr hen waliau. Do, sefais ac edrych a meddwl am Mali'n byw
yno ar ei phen ei hun ac yn canu ei grwndi trist wrth ochr y
bedd bach a'r groes a'r blodau arno. Wn i ddim pa mor hir y
sefais i yno, munudau efallai, hanner awr efallai, ac yna, fe
welais i hi! Do, fe welais i hi! Mali druan! Roedd siafft o
olau'r lleuad—fel y *spotlight* mewn theatr—yn disgleirio arni
hi. Roedd hi'n eistedd yn ei chwman yng nghanol y drain, ei

---

eistedd yn ei chwman, *sitting*
   hunched up

phen ar ei phenliniau, ac yn ysgwyd yn ôl ac ymlaen. Mae'n beth rhyfedd ac od efallai, ond roeddwn i'n disgwyl ei gweld hi yno.

'Mali druan!' meddwn i'n dawel, dawel fel pe bawn i'n siarad â mi fy hun. Ond fe glywodd Mali, a chododd ei phen i edrych arna i. Mae'n wir fod golwg flêr arni hi, ond ei hwyneb! Roedd ei hwyneb hi fel wyneb angel, ond bod rhyw dristwch drosto. Teimlwn fod rhaid imi fynd ati a'i chysuro. 'Mali druan!' meddwn i unwaith eto a cherdded ymlaen yn araf-dawel tuag ati hi. Ond yn sydyn roedd hi wedi diflannu, a doedd dim yno ond y siafft o olau'r lleuad yn disgleirio ar y fan lle bu hi. Sefais yno'n syn am funud neu ddwy yn sicr yn fy meddwl fy mod i wedi ei gweld hi . . . yn sicr . . . sicr . . . Yna, troi a cherdded yn ôl i'r pentref a chartref cynnes, cysurus fy chwaer . . .

'O!' meddai Sara pan ddes i i'r tŷ. 'Fe ddaethoch chi'n ôl. Beth welsoch chi pan oeddech chi allan yng ngolau'r lleuad, Emyr?'

Ai bod yn smala roedd Sara? Doeddwn i ddim yn siŵr, ond meddwn i, 'Beth welais i pan oeddwn i allan yng ngolau'r lleuad? Fe ddyweda i wrthoch chi nawr. Fe welais i Mali. Do, Sara, fe welais i Mali.'

'Naddo, Emyr, welsoch chi mo Mali o gwbl,' atebodd Sara.

'Do, fe welais i hi. Roedd hi'n eistedd yn ei chwman yn y drain, ac O! y tristwch ar ei hwyneb.'

'Naddo, Emyr, welsoch chi mohoni.'

'Ei hysbryd welais i mewn siafft o olau'r lleuad.' Roeddwn i'n sicr yn fy meddwl, ond fe aeth Sara ymlaen, 'Naddo, Emyr, welsoch chi mo Mali na'i hysbryd hi. Eich dychymyg oedd yn chwarae triciau â chi ar ôl gwrando arna i'n adrodd ei stori. Beth pe bawn i'n dweud wrthoch chi mai ffrwyth fy nychymyg i ydy'r stori i gyd . . . wel, bron i gyd.'

---

teimlwn, *I felt*   bron i gyd, *almost all*

'Ffrwyth eich dychymyg? Mae gennych chi waith egluro, Sara,' meddwn i, braidd yn ddig.

'Peidiwch â bod yn ddig wrtho i Emyr, ond mae'n wir mai ffrwyth fy nychymyg bron i gyd ydy'r stori am Mali. Mae'n wir fod pobl y pentref ers llawer dydd yn sôn am ysbryd hen wrach yn cerdded y goedwig pan fyddai'r lleuad yn llawn, ond does neb yn credu hynny nawr; mae'n wir fod darn o'r goedwig lle nad oes dim coed yn tyfu, ond does neb yn gwybod pam; mae'n wir fod adfeilion hen fwthyn yn y goedwig; mae'n wir fod yr hen bobl wedi cael corff Syr Watcyn Wynn Watcyn yn gorwedd ar y mynydd—ei geffyl wedi ei daflu fe. Ond ffrwyth fy nychymyg ydy Siôn Pyrs a'r *press gang*, a Siôn a Mali'n codi eu tŷ unnos ar y comin, a ffrwyth fy nychymyg ydy'r baban hefyd. Ond, Emyr, mae'n ddigon posibl fod pâr ifanc wedi cymryd darn o'r comin a chodi eu tŷ unnos lle mae'r pentyrrau bach o bridd a cherrig heddiw, achos roedd hynny'n digwydd yn aml; ac mae'n bosibl fod y tirfeddiannwr wedi cau'r comin a throi'r pâr ifanc allan a chwalu'r bwthyn, achos roedd hynny'n digwydd yn aml; ac mae'n bosibl fod y *press gang* wedi dod heibio a chario'r gŵr ifanc i ffwrdd ac yntau'n cael ei ladd mewn brwydr yn Ffrainc neu rywle ar y Cyfandir. A beth wnes i, Emyr, oedd gadael i fy nychymyg redeg a chreu stori a gwmpas y pedwar peth—y sôn am yr ysbryd, y pentyrrau bach o gerrig a phridd, y darn o'r goedwig heb ddim coed, a chorff Syr Watcyn Wynn Watcyn. Ac rydw i'n credu fy mod i wedi creu stori dda iawn, achos mae'n amlwg eich bod chi wedi credu pob gair ddywedais i cyn ichi fynd allan am dro i'r goedwig. Fe fydd hi'n stori dda yn fy nhrydydd llyfr o storïau byrion.'

Edrychais yn syn ar Sara, ac yn wir, roeddwn i'n edmygu'r ffordd roedd hi wedi creu'r stori allan o ddim—fwy neu lai— ond roeddwn i'n ddigon siŵr yn fy meddwl o hyd fy mod i wedi gweld Mali yng ngolau'r lleuad yn y goedwig. Meddwn

fwy neu lai, *more or less*

i, 'Gwrandewch, Sara. Rydych chi'n dweud mai stori ydy'r cyfan ddywetsoch chi wrtho i cyn imi fynd allan, ond fe all fod mwy o wir yn eich stori nag rydych chi'n feddwl. Efallai eich bod chi, mewn rhyw ffordd ryfedd, anesboniadwy, wedi dweud yr union beth ddigwyddodd i fyny acw ar y mynydd ers llawer dydd, neu eich bod chi'n agos iawn at y gwir. Rydw i'n ddigon parod i gredu bod pâr ifanc wedi codi eu bwthyn ar y comin a bod y *press gang* wedi cario'r gŵr i ffwrdd, a gadael y wraig a'i phlentyn ar eu pennau eu hunain yn y bwthyn bach. Ac mae'n ddigon posibl fod y plentyn wedi marw, a'r fam wedyn yn drysu yn ei phen. Ac rydw i'n berffaith siŵr yn fy meddwl fy mod i wedi gweld ysbryd y wraig—does dim ots beth oedd ei henw—heno . . . i fyny acw yn y goedwig. Ac felly, fy syniad i ydy eich bod chi wedi ail-greu—fel dywedais i, mewn ffordd anesboniadwy—ie, wedi ail-greu beth ddigwyddodd i fyny acw ers llawer dydd . . . wedi dweud beth yn union ddigwyddodd ar y comin . . .'

'Mae'n bosibl, Emyr.'

Fe gofiais i rywbeth ddywedodd Sara cyn imi fynd allan, y byddai ofn arni hi fynd trwy'r goedwig yn y nos, a meddwn i, 'Fe ddywetsoch chi, Sara, y byddai ofn arnoch chi fynd trwy'r goedwig yn y nos. Pam roeddech chi'n dweud hyn a chithau'n gwybod nad oedd dim ysbryd yn cerdded y goedwig?'

Gwenu wnaeth Sara, a meddai hi, 'Pan oeddwn i'n adrodd y stori roedd pob dim mor fyw yn fy meddwl. Roeddwn i'n gweld Mali a'r baban, yn ei gweld hi'n claddu'r baban, ac wedyn yn canu ei grwndi wrth y bedd. Fel rydw i'n dweud, roedd popeth mor fyw yn fy meddwl, ac felly, pe bawn i'n mynd trwy'r goedwig yn y nos, fe fyddwn i'n siŵr o weld ysbryd Mali . . .'

'Fel y gwnes i. Does dim ots beth ddywedwch chi, Sara, fe welais i hi . . . do . . .'

yr union beth, *the exact thing*

5. Cydwybod

Fferm fynyddig oedd Rhosfawnog (ac felly mae hi o hyd, wrth gwrs), ac er mai fferm fynyddig oedd hi, roedd Siôn Probert yn ddigon bodlon ar ei fyd yno. Roedd ganddo fe yn agos i dri chant o ddefaid yn pori'n rhydd ar y mynydd, a rhyw bymtheg o wartheg godro yn y caeau yn nes at y fferm, a nifer o ferlod mynydd hefyd yn crwydro'r mynydd mor rhydd â'r defaid. Daeth Siôn yn berchen ar y fferm tua'r pump ar hugain oed pan fu farw ei dad yn sydyn iawn. Ac yna, gyda help gwas neu ddau yn dilyn ei gilydd dros y blynyddoedd, a'i fam weddw yn cadw tŷ iddo fe, gallai Siôn gadw trefn ar y lle heb ei ladd ei hunan â gwaith.

Oedd, roedd Siôn—neu Siôn y Rhos fel roedd pobl yr ardal yn ei adnabod e—yn fodlon ar ei fyd, a doedd arno fe ddim eisiau gwraig. Doedd ganddo fe ddim diddordeb yn y merched; roedd mwy o ddiddordeb ganddo yn ei wartheg a'i ddefaid nag mewn merched, a beth bynnag, doedd e ddim yn cwrdd â merched yn aml ac yntau'n byw ar y fferm ar ben y mynydd.

Parhaodd y bywyd hapus, bodlon hwn am yn agos i ugain mlynedd, ac yna, daeth diwedd sydyn i'r holl hapusrwydd. Daeth Siôn adre'n hwyr un prynhawn ar ôl bod allan gyda'i gŵn yn crwydro'r mynydd ar gefn ei ferlen yn edrych dros y defaid. Daeth i'r tŷ yn llawen a hapus a'i fol yn galw am ei de. 'Dyma fi!' gwaeddodd yn llawen fel y daeth i mewn i'r gegin. Roedd e'n disgwyl gweld ei fam yno'n paratoi pryd o fwyd. Ond doedd hi ddim yno. 'Mam, ble rydych chi?' galwodd wedyn wrth fynd i mewn i'r lobi i roi ei gap ar hoelen. Ac yno safodd fel pe bai e wedi ei barlysu; ar y llawr wrth droed y grisiau roedd ei fam yn gorwedd yn bentwr anniben. Gwelwodd Siôn drwyddo a rhyw oerni mawr yn gwasgu ar ei fol a'i frest. Safodd ac edrych am funud hir, ac yna, mynd

gwartheg godro, *milking cows*   merlod, *ponies*

ymlaen ati a phenlinio wrth ei hochr. 'Mam, beth sy?' a'r
geiriau'n dynn yn ei wddf. 'Mam, Mam! Beth sy'n bod?'
Cydiodd yn ei llaw—roedd hi mor oer â'r eira, a syrthiodd
hi'n ôl i'r llawr pan ollyngodd ei afael arni. 'O, Mam! Mam
fach!' Roedd y gwir yn gwario arno. Trodd ei phen i weld ei
hwyneb, ac O! y tristwch yn ei galon! Roedd y llygaid led y
pen ar agor ac yn syllu'n ddall ar ddim yn y byd. 'O, Mam!
Mam fach annwyl!' Cododd ar ei draed ac edrych i fyny'r
grisiau. Yn amlwg, roedd hi rywsut neu'i gilydd wedi syrthio
i lawr y grisiau, a dyma hi nawr yn gorff disymud ar y llawr,
hi a fyddai bob amser mor fywiog a llon o gwmpas y tŷ . . .
nawr yn gorff . . . yn gorff . . . Cuddiodd ei wyneb yn ei
ddwylo ac wylo dagrau hallt . . .

Oer a gwag oedd fferm Rhosfawnog i Siôn ar ôl claddu ei
fam, ac fe welai eisiau gwraig o gwmpas y tŷ. Roedd y gwaith
o ofalu am yr anifeiliaid a'r caeau yn ddigon ynddo'i hun,
heb fod rhaid iddo ofalu am y tŷ a pharatoi ei fwyd ei hunan
hefyd. Roedd e'n rhy flinedig ar ôl diwrnod allan ar y
mynydd gyda'r defaid, a godro'r gwartheg ddwywaith bob
dydd, i feddwl am baratoi pryd o fwyd go iawn. Fe ddaeth
bara menyn a chaws gydag ambell wy wedi'i ferwi yn brif
ymborth iddo. Ond roedd cael y rhain dair gwaith neu
bedair bob dydd yn ddiflas iawn, ac yntau mor hoff o'i fol,
a'i fam wedi ei fwydo mor dda ar hyd y blynyddoedd. Roedd
rhaid cael merch neu wraig i ofalu am y tŷ, bwydo'r ieir ac ati
a helpu gyda'r godro. Ac felly, fe fu Siôn yn holi yma ac acw
ym mhentref Tregloman i lawr yn y cwm ac yn yr ardal, a
holi'r postmon yn arbennig achos roedd e'n adnabod pawb
o bobl y pentref, a phentref go fawr oedd Tregloman. Fe
ddaeth ambell ferch newydd adael yr ysgol i gadw tŷ iddo fe,

trodd, *he turned*
fe welai, *he saw, could see*

pryd o fwyd go iawn, *a proper
meal*

ond nid arhosodd neb ohonyn nhw'n hir yno. Ac yn wir roedd Siôn yn falch cael gwared arnyn nhw a'u radio'n canu'r rwtsh yn ddi-stop pan fyddai fe yn y tŷ. A wydden nhw ddim hyd yn oed sut i daflu eu bwyd i'r ieir ar y buarth heb sôn am odro buwch. A beth bynnag, roedd yn gas gan y merched ifanc fyw yn unig ar ben y mynydd heb weld eu ffrindiau ond ar ambell noson olau neu ar benwythnos.

A'r un mor anodd oedd cael gwas i aros am fwy na rhyw fis ar y fferm. Fe ddeuai bechgyn ifanc yno yn eu tro i gynnig am waith, ond doedd yr ymborth o fara menyn a chaws bob pryd bwyd ddim yn eu plesio nhw o gwbl, na'r crwydro hir ymhob math o dywydd ar ben y mynydd. I ffwrdd y bydden nhw'n mynd a'u pennau yn y gwynt—roedd gwell bywyd i'w gael ar y ddôl i lawr yn y pentref. Roedd o leiaf siop sglodion tatws yno, a chwmni'r bechgyn ar y Sgwâr gyda'r nos, a snwcer hefyd yn y neuadd gynnes.

Yn wir roedd hi'n dywyll iawn ar Siôn, a'r gwaith yn mynd yn galetach bob dydd heb na morwyn na gwas i'w helpu. Ac mor unig gyda'r nos heb neb ond y cŵn yn gwmni iddo . . .

Teimlai Siôn yn isel iawn ei ysbryd; roedd e wedi suddo'n ddwfn i bwll anobaith. Dechreuodd feddwl mai gwell fyddai iddo werthu'r fferm a chwilio am waith yn rhywle yn un o'r trefi, neu hyd yn oed gynnig ei wasanaeth ar fferm rhywun arall. Ond pan oedd hi dywyllaf arno, dyna oleuni o'r diwedd.

Roedd e wrthi'n cnoi ei fara a chaws diflas un prynhawn, pan ddaeth gwraig at y tŷ fferm. Curodd ar y drws ffrynt a brysiodd Siôn i'w agor. Heulwen Jones oedd ei henw, meddai hi, ac roedd hi wedi clywed bod Mr Siôn Probert yn chwilio am wraig i gadw tŷ iddo, gwraig oedd â rhyw syniad ganddi o waith fferm. Y postmon oedd wedi dweud wrthi am Mr Probert. Roedd yn ddrwg ganddi na wyddai hi lawer iawn am waith fferm, ond roedd hi'n ddigon parod i ddysgu,

penwythnos, *weekend*

er mai gwraig ganol oed oedd hi. Roedd hi'n barod i gynnig
ei gwasanaeth . . . ar delerau, wrth gwrs.

Roedd Siôn yn frwd ei groeso. 'Dewch i mewn! Dewch i
mewn!' meddai fe, a'i harwain hi at y tân bach digon tlawd
yn y gegin. Dyma obaith o'r diwedd. Roedd ei henw,
'Heulwen', yn ddigon ynddo'i hun i godi calon dyn, ac yn
wir, roedd hi'n wraig olygus a siriol yr olwg, ac yn ddigon
tebyg ei bod hi wedi hen arfer â gwaith. Dywedodd mai
gwraig weddw oedd hi, wedi colli ei gŵr mewn damwain yn
y pwll glo yn Nhregloman. Oedd, oedd, roedd Siôn yn cofio
clywed bod dyn wedi cael ei ladd yn y pwll yn weddol
ddiweddar, ac roedd yn flin iawn ganddo fe glywed y
newydd. Ac felly, wrth y bwrdd bara a chaws, fe ddaethon
nhw i delerau, ac o fewn ychydig ddyddiau roedd Mrs
Heulwen Jones wedi cartrefu yn Rhosfawnog, a dyna
ddechrau bywyd o'r newydd i Siôn Probert.

Un o'r telerau rhwng Heulwen a Siôn oedd ei bod hi'n
cadw ei thŷ i lawr yn Nhregloman, achos bod ei merch yn
byw yno, a hithau'n athrawes mewn ysgol i fyny'r cwm. A
byddai'n rhaid iddi hi fynd i lawr nawr ac yn y man i weld sut
hwyl oedd ar ei merch ac i gadw trefn ar y lle. Roedd Siôn yn
ddigon bodlon i hynny, siŵr iawn. Ac O, mor braf oedd
bywyd arno nawr. Deuai adref o grwydro'r mynydd neu o
odro yn ysgafn a brwd ei gerdded, achos gwyddai y byddai
pryd o fwyd go iawn yn ei aros, a byddai'r holl le o'r top i'r
gwaelod yn lân ac yn disgleirio fel pin mewn papur. Yn wir,
roedd Heulwen yn werth ei halen.

Mor braf oedd hi arno gyda'r nos wedyn, yntau'n eistedd
ar un ochr i'r tân a llyfr barddoniaeth yn ei law—roedd e'n
hoff iawn o farddoniaeth, yn enwedig gwaith y beirdd
diweddar fel Gwyn Thomas ac Alan Llwyd a'u tebyg—a
hithau, Heulwen, yr ochr arall yn gwau neu'n darllen. Ac
weithiau byddai ei lygaid e'n crwydro'n slei ati hi, ac roedd
beth welai yn ei blesio'n fawr—roedd hi'n wraig olygus a

telerau, *terms*

lliw'r awyr iach ar ei bochau, a'i gwallt yn donnau aur am ei phen, er bod ambell flewyn arian yn dangos trwy'r aur mewn mannau. Ac weithiau byddai eu llygaid yn cwrdd, a dyna'r ddau wedyn yn chwerthin yn braf, a hithau'n gofyn, 'Am beth roeddech chi'n meddwl, Mr Probert?' 'O, dim byd o bwys, Mrs Jones,' fyddai'r ateb. Mr Probert a Mrs Jones! Mor stiff ac oer oedd yr enwau. Yn fuan iawn fe drodd yr enwau'n 'Siôn' a 'Heulwen'. Heulwen! On'd oedd e'n enw pert, ac i Siôn roedd hi, Heulwen, mor bert â'i henw.

Ond doedd hi ddim yn nefoedd ar y ddaear i Siôn chwaith. Roedd un neu ddau o fân bethau yn ei flino fe; roedd rhaid iddo dynnu ei esgidiau mawr a'r baw gwartheg arnyn nhw cyn dod i mewn i'r tŷ, a golchi ei ddwylo ar ôl godro cyn dod at y bwrdd bwyd. Ac roedd hi'n cwyno weithiau—ond mewn ffordd neis iawn—nad oedd dim ystafell ymolchi yn y tŷ, a bod rhaid iddi fynd adref i'w thŷ yn y pentref bob penwythnos i gael bath. Roedd ofn ar Siôn bryd hynny, ofn na ddeuai hi'n ôl. Roedd twba yn y gegin a digon o ddŵr berwedig yn y sosbenni mawr ar y tân wedi bod yn ddigon iddo fe ac i'w dad a'i fam (pan fydden nhw'n dewis cymryd bath!) ond doedd twba felly ddim wrth ei bodd hi. Ond os am fod yn siŵr o'i chadw hi, Heulwen, yn Rhosfawnog, yna roedd rhaid cael ystafell ymolchi. A thra byddai'r gweithwyr yn troi un o'r ystafelloedd gwely yn ystafell ymolchi, fe fyddai'n beth da cael system dŵr poeth trwy'r tŷ. Ac roedd rhaid i Siôn ddweud 'Byddai' i bob dim. Doedd Heulwen ddim yn un i golli amser; cyn pen dim bron roedd y gweithwyr yno'n troi'r ystafell wely gefn yn ystafell ymolchi ac yn rhoi system dŵr poeth trwy'r tŷ. Fe gostiodd y gwaith dipyn go lew o arian i Siôn, ond yn fuan iawn fe ddaeth i weld mor hwylus oedd y bath a'r dŵr poeth. Fe allai gymryd bath pryd y mynnai heb fod rhaid llanw'r sosbenni mawr, a siafio heb fod rhaid berwi tegell yn gyntaf. 'Gwaith da! Gwaith da!' oedd ei ateb pan ofynnodd Heulwen iddo oedd e'n falch ei

dim byd o bwys, *nothing important*

bod hi wedi mynnu (yn ei ffordd fach neis iawn) gael ystafell ymolchi, er bod ei glywed e'n canu nerth ei ben yn y bath yn ddigon o ateb.

Yn wir, roedd bywyd yn hyfryd i Siôn Probert, ond am y mân bethau, wrth gwrs. Ond roedd y rheiny'n mynd yn llai a llai o bwys ganddo. Ac wrth ei gweld hi yr ochr arall i'r tân gyda'r nos, neu wrth y bwrdd bwyd, a'r tŷ'n disgleirio fel pin mewn papur, fe ddaeth i'w hoffi, ei hoffi mor fawr nes bod rhaid iddo ofyn iddi ei briodi. Fe fyddai fe'n sicr o'i chadw hi ar y fferm wedyn. Ac fe'u priodwyd. Wyddai Siôn ddim ar y pryd y byddai'r mân bethau oedd yn mynd dan ei groen yn troi'n bethau mawr o bwys yn ei fywyd. Roedd e'n meddwl ei fod e'n adnabod Heulwen yn dda erbyn hyn, a'i ffordd neis, garedig o siarad a gofyn, ond roedd mwy yn ei chymeriad nag oedd ar yr wyneb. Roedd hi'n wraig benderfynol iawn fel y cafodd Siôn wybod. A thua mis ar ôl priodi fe ddaeth Siôn i weld y 'mwy' yma yn ei chymeriad.

Roedd y ddau'n eistedd naill ochr i'r tân un gyda'r nos. Yn sydyn dyma Heulwen yn torri ar dawelwch hyfryd y nos. 'Siôn,' meddai hi, 'mae'n rhaid imi ofyn un peth iti.'

'Gofyn beth fynni di,' atebodd Siôn.

'Wyt ti'n siŵr na fyddi di'n ddig wrtho i am ofyn?'

'Sut galla i fod yn ddig nes fy mod i'n gwybod beth sy ar dy feddwl?'

'Wel, mater o arian ydy hyn, ac mae'n gas gen i sôn am arian,' meddai Heulwen. 'Ond cofia, Siôn, rydyn ni nawr yn ŵr a gwraig, yn bartneriaid am ein hoes. Ac fel partneriaid, fe ddylen ni rannu pob dim. A hyn sy gen i. Bob tro rydw i eisiau mynd i lawr i'r pentref i siopa, mae'n rhaid imi ddod atat ti i ofyn am arian. Yn wir iti, Siôn, rydw i'n teimlo fel crwydryn yn dod at y drws i fegian am geiniog neu ddwy.'

'O, na, Heulwen, dwyt ti ddim yn dweud y gwir, achos rydw i'n rhoi lwfans iti bob wythnos at gadw'r tŷ a gofalu bod digon o fwyd ac ati yma.'

y mân bethau, *the small things*

'Ond mae rhaid imi aros amdano bob penwythnos . . . yn union fel crwydryn wrth y drws, neu fel morwyn fach yn aros am ei chyflog. A dwyt ti'n rhoi dim un geiniog imi at fy iws fy hun. A chofia, Siôn, fod eisiau pethau arbennig ar wraig nawr ac yn y man.'

'O, paid â phoeni, Heulwen. Fe gei di fwy o lwfans gen i bob wythnos o hyn ymlaen.'

'Ac os bydd eisiau côt neu ffrog newydd arna i, fe fydd rhaid imi ddod atat ti a 'nghap yn fy llaw, a dweud, 'Plîs, Siôn, mae eisiau côt newydd at y gaeaf arna i, a fyddi di mor garedig . . . ac yn y blaen. Mae'n wir fy mod i'n cael swm bach o'r NCB achos bod fy ngŵr . . . cyntaf . . . wedi cael ei ladd yn y pwll, ond dydy hynny nac yma nac acw, gan mai dy wraig di ydw i nawr. Dy wraig di, cofia; dy bartner di, ac fel partneriaid fe ddylen ni rannu pob dim.'

'Beth wyt ti'n feddwl wrth rannu pob dim, Heulwen?' gofynnodd Siôn gan edrych arni â llygaid cath.

'Wel, Siôn, mae un peth yn ddigon amlwg . . . digon plaen. Dydw i'n derbyn dim cyflog gen ti. Yn wir rydw i fel morwyn ddigyflog yn gweithio yma o un pen i'r wythnos i'r pen arall. A dydw i ddim gwell na morwyn fach yn dy olwg. Ond mae pob gŵr a gwraig rydw i'n eu hadnabod i lawr yn y pentref yn rhannu pob dim achos bod ganddyn nhw gyfrif cydradd yn y banc.'

'Cyfrif cydradd? Beth ydy hwnnw?' gofynnodd Siôn. Er na chlywodd e'r term erioed o'r blaen, roedd e'n ddigon call i ddeall ei ystyr.

'Cyfrif cydradd ydy *joint bank account*, Siôn.'

'*Joint bank account!*' Neidiodd y geiriau o geg Siôn fel pe bai e'n ceisio cael gwared ar flas drwg ohoni.

'Ie, ie,' meddai Heulwen, 'a phaid ag edrych arna i fel yna fel pe baet ti'n barod i fy llyncu. Mae cyfrif cydradd yn rhywbeth hollol naturiol. Roedd cyfrif cydradd gan fy ngŵr . . . cyntaf . . . a fi, ac roedden ni'n deall ein gilydd i'r blewyn.'

'Wel . . . ym . . .' dechreuodd Siôn, a mynd ymlaen, 'wel . . . ym . . . y . . .'

'Dyna fe, te, Siôn. Rydyn ni'n deall ein gilydd,' ac aeth Heulwen ato a'i gusanu'n frwd. 'Fe awn ni i'r banc yfory i setlo pob dim,' a'i gusanu fe eto. 'Diolch yn fawr iti, Siôn. Rwyt ti'n ddyn da, caredig, ac rydw i'n dy garu di'n fawr.'

A beth allai Siôn ei wneud wedyn ond mynd i lawr i'r banc yn y pentref i setlo pob dim. Ac ar ôl dod adref i'r fferm, gofalodd Heulwen nad oedd y llyfr sieciau yn cael ei gadw dan glo mewn rhyw ddrôr neu gist ddiogel o'r golwg.

A dyna ddechrau sbri gwario gan Heulwen. Roedd hi'n benderfynol o wneud y tŷ fferm mor gysurus â'i hen gartref i lawr yn y pentref, a chyn pen mis fe gyrhaeddodd rhewgell newydd sbon y fferm, a set deledu lliw—roedd trydan yn y tŷ yn barod; Siôn wedi mynnu trydan ers rhai blynyddoedd er mwyn gweithio'r peiriant godro ac ati.

'Beth ydy'r rhain?' gofynnodd Siôn yn syn.

Roedd rhaid i Heulwen egluro.

'Ond does mo'u heisiau nhw yma. Taflu arian i'r gwynt ydy peth fel hyn,' meddai Siôn, a dyna ffrae fach yn dechrau. Fe aeth y ffrae yn waeth ymhen rhyw fis oherwydd dyma ddodrefn newydd yn cyrraedd—dwy gadair esmwyth fawr a setî a charped newydd i'r parlwr.

'Fe fydd cysur inni yma yn ein henaint, Siôn bach,' meddai Heulwen pan ddechreuodd Siôn weiddi'n gas am wastraffu arian.

'Roedd yr hen ddodrefn yn ddigon da i fy nhad a mam.'

'Ond dydyn nhw ddim yn ddigon da i mi, nac i ti nawr, Siôn. Nid y wyrcws ydy Rhosfawnog, a beth bynnag, roedd yr hen linoliwm yn y parlwr mor oer dan draed ag eira'r gaeaf. Dy gastell di a fi ydy'r fferm nawr.'

Ac roedd rhaid cael llenni newydd ar ffenestri'r parlwr— neu 'lolfa' nawr—i fynd gyda'r carped a'r dodrefn newydd, ac fe gyrhaeddon nhw'n fuan.

Roedd gwario arian fel hyn yn ddigon i wneud i ddyn bwdu; wel, ffraeo fel dau geiliog yn gyntaf a phwdu wedyn,

---

dan glo, *under lock*   sbri gwario, *spending spree*

yn enwedig ar ôl i Siôn gael yr ateb i'w gwestiwn, 'Pam na fyddet ti'n gofyn i mi cyn prynu'r pethau yma?'

'Fe fyddet ti wedi gwrthod yn syth,' atebodd Heulwen.

Do, fe bwdodd Siôn fel mul, a phrin iawn oedd ei eiriau am ddyddiau lawer, er bod Heulwen mor siriol ato fe ag oedd hi pan ddaeth hi gyntaf i'r fferm, yn enwedig pan ddywedai, 'Dere i'r lolfa, Siôn, yn lle eistedd yn y gegin ddiflas yma. Does dim eisiau cynnau tân yn sbesial achos mae'r system dŵr poeth yn cynhesu'r lle i gyd.'

Eistedd yn y lolfa wedyn heb ei lyfr barddoniaeth a golwg fel llofrudd ar ei wyneb; roedd ei farddoniaeth wedi colli ei blas. Daeth i ben Siôn fynd i lawr i'r banc a dweud wrthyn nhw yno i beidio â newid siec i'w wraig os nad oedd ef ei hunan wedi ei harwyddo. Ond aeth e ddim, ac roedd yn flin ganddo yn ei galon wedyn, oherwydd daeth y teimlad drwg rhyngddyn nhw i benllanw un prynhawn braf yn hwyr yr haf hwnnw. Roedd Heulwen wedi mynd i lawr i'r pentref yn hen gar y fferm; fe ddaeth hi'n ôl mewn mini newydd sbon. Er mai prin roedd geiriau Siôn wedi bod am wythnosau lawer, roedd ganddo fe ddigon i'w ddweud pan welodd e Heulwen yn dod allan o'r mini. Fe regodd, fe waeddodd, fe sgrechodd a neidio o gwmpas nes ei fod yn goch yn ei wyneb a'i chwys yn diferu. Fe enwodd e bob un peth roedd Heulwen wedi ei brynu er pan briodon nhw, a hynny heb ofyn ei ganiatâd ef. Beth oedd eisiau car newydd? Roedd yr hen gar yn gwneud y tro yn iawn, ac ymlaen ac ymlaen, a rhifodd Siôn ei phech-odau hi i gyd (pechodau iddo fe ond dim iddi hi). Ceisiodd Heulwen dorri ar ei draws sawl gwaith, ond yn ofer; roedd arni hi eisiau egluro un peth ond chafodd hi ddim siawns i'w wneud. Beth bynnag, o'r diwedd meddai hi dros ei sgrechain a'i weiddi, 'Os felly rwyt ti'n teimlo, fe a i'n ôl at fy merch yn y pentref nes byddi di'n cwlo lawr.' Ac aeth i mewn i'r mini bach newydd sbon ac i ffwrdd â hi.

Fe ddaeth Heulwen yn ôl pan oedd hi'n nosi, ond llond ceg

penllanw, *high tide*   yn ofer, *in vain*

o regfeydd gafodd hi gan Siôn. Yn amlwg, doedd e ddim wedi 'cwlo lawr'. Ond fe safodd hi ei thir. A phan stopiodd Siôn am foment i dynnu gwynt, meddai hi, 'Gwrando, Siôn; rwyt ti wedi bod yn sôn fy mod wedi bod yn gwastraffu d'arian di, ond nid d'arian di ydy'r cwbl rydw i wedi ei wario, a dydw i ddim wedi gwastraffu dim arian. Er mwyn gwella'r lle yma rydw i wedi prynu popeth, er mwyn rhoi mwy o gysur i ti. Ti piau popeth rydw i wedi ei brynu, a dydw i ddim wedi prynu unrhywbeth i mi fy hun; rhyngon ni'n dau mae'r car, cofia. Ac fe gei di sioc pan gei di'r cyfrif o'r banc.'

'Rydw i'n siŵr y ca i sioc. Fydd dim arian ar ôl yn y banc,' meddai Siôn, a dyma fe'n dechrau ar ei regi a'i ddiawlio unwaith eto.

Roedd Heulwen wedi cael hen ddigon ar y rhegi a'r geiriau cas, a meddai hi, 'Gwrando di nawr, Siôn Probert, os nad wyt ti'n mynd i gwlo lawr yn fuan, fe fydda i'n mynd a'th adael. Alla i ddim dioddef dy regi di a'r diawlio a'r geiriau cas. Na, wir, alla i ddim.'

Roedd hi'n uffern ar y ddaear yn fferm Rhosfawnog am ddyddiau lawer, a thymer ddrwg Siôn yn berwi drosodd bob tro y deuai trwy'r drws, ac roedd 'heb ofyn caniatâd . . . gwastraffu f'arian . . . a finnau'n gweithio mor galed i'w hennill . . .' fel byrdwn i'w gân. Roedd ei iaith frwnt a'i dymer ddrwg yn ormod i Heulwen, ac felly, bob gyda'r nos wedyn, ar ôl iddi roi swper Siôn yn barod iddo, i ffwrdd â hi yn y mini gan ei adael ar ei ben ei hun i regi'r cŵn neu unrhyw anifail a ddeuai'n agos ato. Ond yn y bore fe ddeuai hi'n ôl a mynd o gwmpas ei gwaith ar y fferm. A'r nosweithiau hynny pan fyddai Siôn ar ei ben ei hun, fe ferwai ei gasineb tuag ati yn ei galon, ac fe ddeuai'r syniadau mwyaf arswydus i'w feddwl . . . 'fe ladda i'r ddiawles' a syniadau tebyg. Nos-weithiau hir, digysur oedd y rheiny heb Heulwen yn y tŷ, ond yn lle cwlo lawr, mynd yn gasach, gasach tuag ati a wnâi.

a'th adael, *and leave you*

Un prynhawn hyfryd ym mis Medi, flwyddyn yn union ar ôl priodi, fe aeth Heulwen allan i gasglu mwyar duon. Roedd digon i'w cael o gwmpas yr hen chwarel gerrig yn is i lawr y mynydd. O'r chwarel honno y daeth y cerrig i adeiladu'r tai cyntaf yn yr ardal. Do, fe aeth Heulwen i gasglu mwyar duon, ond ddaeth hi ddim yn ôl adref, ac er ei fod e'n gwybod mai wedi mynd i gasglu'r mwyar roedd Heulwen, aeth Siôn ddim i chwilio amdani.

Ond yn y bore roedd rhaid mynd i chwilio, ac i'r chwarel gerrig yr aeth Siôn yn syth, fel pe bai e'n gwybod yn union ble i chwilio. Ac yno fe'i cafodd hi yn gorwedd yn bentwr anniben—yn union fel ei fam ers llawer dydd—ar waelod y creigiau. I bob golwg roedd hi wedi syrthio o ben y chwarel i lawr i'r twll yn y gwaelod; efallai ei bod hi wedi plygu'n rhy bell ymlaen wrth estyn at y ffrwythau melys. Dyna ddywedodd yr heddlu pan ddaethon nhw yno a chael ei bocs plastig wrth y corff. Ie, marw trwy ddamwain wnaeth Heulwen Probert yn ôl yr heddlu, ond doedd pobl yr ardal ddim mor siŵr â'r plismyn. Fe fuon nhw'n holi Siôn wrth gwrs, ond roedd e ymhell i fyny'r mynydd trwy'r prynhawn yn rhifo'r ŵyn. Na, doedd pobl yr ardal ddim yn fodlon derbyn mai marw trwy ddamwain wnaeth Heulwen, yn enwedig felly Heledd, merch Heulwen. Roedd hi'n gwybod yn iawn am y ffraeo a'r rhegi a'r diawlio . . . Roedd ei mam wedi dweud y cyfan wrthi hi . . .

Doedd dim cysur o gwbl yn Rhosfawnog ar ôl claddu Heulwen, a Siôn yn mynd o gwmpas ei waith fel dyn mewn breuddwyd. Gwaith? Prin fod ganddo unrhyw hwyl at waith, na hwyl at fwyd na dim byd arall, ac roedd e'n methu cysgu'r nos. Ac felly, cerdded o gwmpas y tŷ, mynd allan i

mwyar duon, *blackberries*   creigiau, *rocks*
chwarel gerrig, *stone quarry*

edrych ar y sêr, a meddwl y fath ffŵl oedd e i briodi'r ddynes gyntaf ddaeth i'w fyd . . . diawlio popeth wedyn, y gwastraffu arian ac ymlaen ac ymlaen . . .

Roedd y fferm yn mynd yn gyflym ar i lawr; y gwartheg heb eu godro yn eu hiawn amser, y ferlen yn bwyta gwellt ei gwely yn y stabl, a'r ieir yn crafu'n ofer ar y buarth, a Siôn ei hun yn edrych yn welw a thenau fel dyn ag un droed yn y bedd. Ac felly roedd e pan ddaeth gŵr ifanc dierth heibio i'r fferm. Roedd golwg fel hipi arno fe a'i bac ysgafn ar ei gefn, ond ei fod yn lân a'i ddillad yn deidi amdano, ac roedd ganddo ddau lygad craff yn ei ben.

'Jiw, jiw, ddyn, beth sy'n bod arnoch chi? Rydych chi'n edrych fel corff,' meddai'r gŵr dierth pan welodd e Siôn ar y buarth.

Trodd Siôn lygaid trist ar y gŵr. 'Rydw i wedi colli'r wraig.'

'Jiw, jiw! Ble gadawsoch chi hi?'

Smalio roedd y gŵr ifanc wrth gwrs. Roedd yn amlwg iddo fod y ffermwr dan deimlad mawr. Fe aeth ymlaen, 'Mae'n wir ddrwg gen i. Ddylwn i ddim smalio yn ffôl fel hyn. Rydych chi wedi cael colled fawr, mae'n amlwg. Pryd buodd hi farw?' Roedd e'n llawn cydymdeimlad nawr.

'Tua mis yn ôl. Cael damwain wnaeth hi; ie, cael damwain . . .'

'O, mae'n ddrwg gen i glywed. Beth ddigwyddodd felly?'

'Syrthio dros ddibyn y chwarel wnaeth hi wrth gasglu mwyar duon.'

'Wel, dyna hen dro cas. Wel, wel! Mae'n ddrwg gen i, ydy, wir.' Edrychodd y gŵr dierth ar Siôn yn graff. 'Dywedwch, yma ar eich pen eich hun rydych chi nawr? Maddeuwch imi am ddweud, ond mae'r lle yma'n edrych yn anniben iawn.'

'Ie, ar fy mhen fy hun,' atebodd Siôn a'i lais yn llawn dagrau. 'Methu cael gwas na morwyn na neb i ddod yma i weithio, a does dim hwyl arna i o gwbl.'

ar i lawr, *downhill*
eu hiawn amser, *their proper time*
dierth (dieithr), *strange*

'Wel, wir, yr hen frawd, rydw i'n teimlo drosoch chi. Ydw wir . . . Ydw wir . . .' meddai'r gŵr ifanc gan ysgwyd ei ben fel hen bregethwr. Oedd, roedd e'n llawn cydymdeimlad nawr. 'Arhoswch chi nawr,' gan siarad fel pe bai e'n mesur ei eiriau, 'rydw i'n ddi-waith ar hyn o bryd, wedi gorffen yn y coleg, ond heb gael swydd eto. Mae gen i syniad go dda am waith fferm; wedi gweithio llawer ar fferm f'ewyrth yn Swydd Gaer yn ystod gwyliau'r ysgol a'r coleg. Cerdded y mynyddoedd rydw i ar hyn o bryd, yn astudio adar ac ati . . . Beth pe bawn i'n dod yma i'ch helpu chi am sbel? Fyddwn i ddim yn gofyn am lawer o gyflog . . . ac rydw i'n eithaf da yn y gegin wedi bod yn byw mewn fflat ar fy mhen fy hun . . .'

Daeth rhyw olau newydd, rhyw fflach o obaith, i lygaid Siôn. Beth roedd y dyn dierth yma'n ei ddweud?

'Ydych chi . . . ydych chi'n cynnig dod yma i weithio?'

'Maen nhw'n dweud mai rhyw greadur sofft iawn ydw i, syr . . . Efallai fy mod i hefyd . . . ond allwn i ddim mynd heibio i'r lle yma a'ch gadael chi yn y stad rydych chi ynddi. Fe fyddai fy nghydwybod yn fy mhoeni . . . fy mhoeni am oesoedd. Peth ofnadwy ydy cydwybod dyn, syr, yn enwedig cydwybod euog. Hen beth cas ydy teimlo'n euog, ac fe wn i beth ydy teimlo'n euog. Mae arna i bunt i un o fy hen ffrindiau coleg, ond wn i ddim ble mae e'n byw er mwyn imi anfon yr arian iddo fe. Ac mae'r bunt ar fy nghydwybod o hyd . . . o hyd . . . O, mae'n ddrwg gen i . . . rydw i'n siarad gormod. Ond rydw i'n falch nad oes dim byd mawr iawn ar fy nghydwybod. Dof i . . . Fe ddof i i weithio gyda chi am sbel . . . nes eich bod chi'n cael rhywun i aros . . . a rhywun sy ddim yn siarad fel melin bupur fel fi . . .' a chwarddodd y gŵr dierth yn ysgafn. 'Nawrte, mae golwg eisiau bwyd arnoch chi, syr. I mewn â ni i'r tŷ . . . Mae bwyd gyda chi yn y tŷ? Bwyd yn gyntaf ac wedyn fe awn ni o gwmpas y gwartheg ac ati, ie?'

---

di-waith, *unemployed*
ewyrth (ewythr), *uncle*

punt, *pound* (£)
melin bupur, *pepper mill*

Arhosodd y gŵr ifanc ddim am ateb ond cydiodd ym mraich Siôn a'i arwain ef i mewn i'w dŷ ei hun. Safodd yn y lobi ac edrych o'i gwmpas. 'Wel, dyma le braf . . . Beth sy trwy'r drws acw?'

'Y parlwr . . . neu y lolfa . . .'

'Y lolfa? Ga i fynd i mewn?'

'Wrth gwrs.'

Agorodd y drws ac edrych i mewn. 'Wel, dyma le! Mae hi fel palas yma. Dodrefn newydd ddywedwn i, ac rydw i'n hoffi'r carped a'r llenni. Chi brynodd nhw . . . yn ddiweddar?'

'Nage . . . y . . . y . . . y wraig . . .'

'Meddwl amdanoch chi roedd hi pan brynodd hi'r rhain, ddywedwn i. Rhaid ei bod hi'n meddwl y byd ohonoch chi . . . Gyda llaw, beth ydy'ch enw chi? F'enw i ydy Thomas Walters . . . ond Twm Tafod roedd y bechgyn yn fy ngalw yn y coleg achos fy mod i'n siarad cymaint.'

'Siôn ydw i . . . Siôn Probert.'

'Dyma fy llaw, Siôn, ac fe allwch chi alw Twm neu Twm Tafod arna i fel mynnwch chi.' Cydiodd yn llaw Siôn i ysgwyd llaw â fe. Roedd y teimlad fel cydio mewn sosej oer, wlyb . . . 'I'r gegin nawr, Siôn. Dangoswch y ffordd.'

Arweiniodd Siôn ef i'r gegin.

'Wel, am le eto! Modern ymhob dim! Rhewgell, peiriant golchi dillad . . . a beth ydy hwn . . . *deep freeze*?'

'Ie . . . rhywbeth brynodd y wraig yn ddiweddar ydy hwnna . . . cyn iddi . . . iddi gael y ddamwain . . .'

'Jiw! Rhaid eich bod chi'n gweld ei heisiau hi . . . O, mae'n ddrwg gen i . . . Ddylwn i ddim sôn amdani hi o hyd fel hyn . . . Fel crafu'r briw nes tynnu'r gwaed . . . Nawrte, beth sy yn y *deep freeze*?'

Agorodd Twm y cwpwrdd rhew-caled—y *deep freeze*. Roedd e'n llawn o bethau da, bara, cigoedd, pysgod, teisennod o bob math, caws, ymenyn, cig moch . . . Digon o bethau da i dynnu'r dŵr i'r dannedd.

---

cymaint, *so much*

'Jiw! Roedd y wraig yn eich bwydo chi'n dda, Siôn. Fe gawsoch chi golled ofnadwy.'

'Do . . . do . . .'

'Nawrte, beth gawn ni? Cig moch ac wyau? Ie, fe allwn ni ffrio'r cig moch yn syth o'r *deep freeze*, ond fe fydd y bara'n rhy galed . . . wedi rhewi fel carreg, ond fe dynnwn ni un dorth allan yn barod erbyn y bore. Oes wyau gennych chi, Siôn? Roeddwn i'n gweld ieir o gwmpas y buarth.'

'Mae yna rai yn y pantri bach . . . Fe a i i nôl rhai . . .'

'Diolch, Siôn. Ac fe dynna i'r deisen hon allan. Fe fydd hi'n ffit inni ei bwyta erbyn inni orffen gyda'r ham a'r wyau . . . Chi'n gweld, Siôn, fe wn i lawer am fwydydd o'r rhewgell ac ati . . . Ydw, ydw . . . Wedi arfer gartref, chi'n gwybod, ar wyliau o'r coleg . . .'

A gan siarad yn ddi-stop, aeth Twm ymlaen â'r gwaith o baratoi pryd o fwyd i'r ddau, a Siôn yn ei wylio fel cath yn gwylio aderyn ar goeden. A Twm yn sôn llawer am ei fam, mor dda oedd hi yn y gegin . . . sôn am ei dad hefyd, dyn mor garedig oedd e; ei dad a'i fam fel dau geffyl gwedd—wel, ceffyl a chaseg, a chwerthin bach ysgafn—bob amser yn tynnu gyda'i gilydd . . . byth yn ffraeo. Yna, saethu cwestiwn sydyn at Siôn, 'Fyddech chi a'ch gwraig yn ffraeo o gwbl?' a'r cwestiwn fel ergyd yn ei fol, digon i fwrw'r gwynt allan ohono fe.

'Na . . . na . . . byth . . . byth yn ffraeo,' a Siôn yn gwybod yn ddigon da mai dweud celwydd roedd e, a bod Twm yn sylweddoli hynny.

'Byth yn ffraeo?' meddai Twm. 'Siŵr eich bod yn cael ffrae fach nawr ac yn y man.'

A Siôn yn ateb a thipyn o liw yn ei wyneb nawr, 'Wel . . . ym . . . ffrae fach nawr ac yn y man . . . dim ond ffrae fach . . . dyna i gyd . . .'

'Ie, ffrae fach, mae'n siŵr,' meddai Twm. Yna, 'Gyda llaw, beth oedd ei henw hi . . . enw eich gwraig?'

---

dau geffyl gwedd, *two yoke horses*

Atebodd Siôn braidd yn wyllt nawr, 'Heulwen . . . Heulwen oedd ei henw hi. A wir, peidiwch â siarad amdani hi o hyd ac o hyd . . . Mae hi wedi mynd . . . wedi marw . . . Mae hi yn ei bedd,' a'i lais yn torri.

'Ie, yn ei bedd, druan ohoni,' meddai Twm yn llawn cydymdeimlad. 'Syrthio o ben dibyn y chwarel wnaeth hi . . . wrth gasglu mwyar duon, yntê?'

Edrychodd Siôn ar y dyn dierth yma a'i lygaid yn llawn arswyd. Doedd e ddim wedi sôn mai syrthio wrth gasglu mwyar wnaeth ei wraig . . . Ond oedd e? Doedd e ddim yn cofio . . . Roedd e wedi drysu yn ei ben . . . ei ymennydd yn troi yn ei ben fel melin wynt . . . Arglwydd mawr! Roedd e wedi cael digon ar glebran y Twm yma. Ond doedd dim stop ar glebran Twm.

'Marw trwy ddamwain wnaeth Heulwen, Siôn. Ond ydych chi wedi meddwl am hyn, Siôn? Pe bai rhywun wedi dod heibio a'i gweld hi ar ben y dibyn yn estyn am y mwyar duon, fe fyddai'n ddigon hawdd rhoi hwb iddi dros y dibyn.'

'Stopiwch! Stopiwch!' gwaeddodd Siôn, ac aeth ac eistedd mewn cadair a chuddio'i wyneb yn ei ddwylo. Ond ni chymerodd Twm unrhyw sylw ohono ond mynd ymlaen, 'Fe fyddai'n ddigon hawdd, ddywedwn i, i ddyn cryf ei llusgo hi at y dibyn, a'i thaflu hi drosodd . . . dyn cryf oedd â rhyw gasineb tuag ati hi . . . rhywun oedd wedi bod yn ffraeo â hi . . . rhywun oedd wedi cael ffrae gythreulig â hi . . .'

Neidiodd Siôn ar ei draed. 'Stopiwch! Stopiwch! Y dyn diawledig, beth rydych chi'n ceisio'i ddweud? Pwy ydych chi? Wnes i ddim byd iddi hi . . . Naddo . . . Naddo . . .' Sgrechain roedd Siôn nawr, nid gweiddi, fel dyn wedi colli ei bwyll.

Ond aeth Twm ymlaen fel pe bai e heb glywed gair. A'r badell ffrio a'r cig moch ynddi'n ffrio'n braf yn un llaw, a fforc yn y llall, a rhyw olwg bell yn ei lygaid fel pe bai e'n gweithio ar ryw broblem mathemateg anodd, meddai fe'n

---

ymennydd, *brains*   colli pwyll, *to lose control*

dawel, 'Pe bai hynny wedi digwydd, pe bai rhywun wedi bod
yn ffraeo gyda Heulwen ar ben y dibyn, fe fyddai ôl traed . . .
ôl traed mwy nag un person yn rhywle . . . wedi sathru'r glas-
wellt a'r llwyni mwyar duon dan draed . . . Chi'n deall, Siôn?
Aeth y plismyn i ben y chwarel i chwilio am ôl traed, Siôn?'

'Naddo . . . naddo . . . Doedd dim ôl traed yno . . .'

A chwestiwn yn dawel wedyn. 'Sut rydych chi'n gwybod
bod dim ôl traed yno? Doeddech chi ddim wedi bod yn agos
i'r lle, meddech chi. Sut rydych chi'n gwybod, Siôn?'

'Achos fy mod i'n dweud wrthoch chi . . . ac mae hynny'n
ddigon . . . ac rydw i wedi cael hen ddigon ar eich clebran . . .
eich clebran twp . . . a stopiwch nawr, neu . . .' a chydiodd
mewn cyllell oddi ar y bwrdd.

Chwerthin wnaeth Twm. 'Rhowch y gyllell yna i lawr, Siôn
bach, nes fy mod i'n gorffen y rigmarôl yma. Ac fe synnwch
chi glywed hyn, Siôn. *Roedd* ôl traed mwy nag un person, ac
ôl carnau merlen, ar y glaswellt a'r llwyni bach mwyar duon.
Roedden nhw wedi cael eu sathru dan draed. Felly, roedd
rhaid bod rhywun arall a merlen gyda Heulwen . . .'

Torrodd Siôn ar ei draws. 'Sut . . . sut rydych chi'n gwybod
hyn?' Prin y gallai Siôn gael y geiriau allan, ei wynt yn tagu yn
ei wddf a'i geg yn sych fel nyth cath.

'Sut rydw i'n gwybod, Siôn? Wel, yn syml, achos fe fues i
yno'n gweld. Fi a Heledd y diwrnod ar ôl y ddamwain. Fi ydy
cariad Heledd, ac fe wyddoch chi pwy ydi hi . . . merch
Heulwen eich gwraig . . . y wraig fu farw trwy ddamwain yn
ôl yr heddlu. Ond doedd Heledd ddim yn credu mai
damwain oedd y peth o gwbl. Roedd hi'n siŵr na fyddai ei
mam ddim mor dwp ag estyn yn rhy bell dros ddibyn uchel,
peryglus er mwyn rhyw ychydig bach o fwyar duon. Ac
roedd hi'n gwybod am y ffraeo ofnadwy rhyngoch chi a
Heulwen ar ôl iddi brynu'r pethau newydd at y tŷ . . . ei bod
hi'n gwastraffu eich arian ac ati . . .'

ôl traed, *foot prints*   yn ôl yr heddlu, *according to the
                                 police*

'Na . . . na . . . stopiwch . . . stopiwch . . . wnes i ddim byd . . . naddo . . . damwain oedd y cwbl . . .'

'Mae'n siŵr fod eich cydwybod chi wedi bod yn eich poeni chi byth oddi ar y diwrnod hwnnw . . . Siôn Probert . . . Peth ofnadwy ydy cydwybod euog . . . Rydych chi'n methu cysgu . . . methu bwyta . . . Does dim rhyfedd eich bod chi'n edrych fel dyn ag un droed yn y bedd . . . a dyna lle dylech chi fod. Chi laddodd Heulwen . . . y llofrudd . . . y mwrdrwr . . . y diafol . . . a hithau'r wraig fwyaf caredig . . . yr orau yn y byd . . . a chi, y mochyn bach gwael . . . yn meddwl mwy am eich arian nag am ddim byd arall . . .'

'Na . . . na . . . wnes i ddim byd . . . Roedd hi'n estyn am y mwyar, ac fe es i . . . fe es i i'w thynnu hi'n ôl . . . ond . . . ond . . .'

'Caewch eich ceg. Fe ellwch chi gadw eich celwyddau nes daw'r heddlu . . . Ond dyma rywbeth arall i chi . . . dyma drasiedi yr holl beth . . . â'i harian ei hun, ie, â'i harian ei hun y prynodd Heulwen y mini bach . . .'

'Be . . . beth ddywetsoch chi?' a llais Siôn yn ddim mwy na rhyw wich yn ei wddf. 'Be . . . beth . . .'

'Dweud wnes i mai â'i harian hi ei hun y prynodd Heulwen y mini bach.'

'Dduw Dad trugarog, pam na ddywedodd hi? Pam na ddywedodd hi wrtho i? Pam? Pam? Pam? Fyddai hyn i gyd ddim wedi digwydd . . .' a'i ddagrau'n llifo fel afon . . . 'O, Dduw Dad . . . pam?'

'Fe geisiodd hi ddweud wrthoch chi lawer gwaith, ond bob tro roedd hi'n agor ei cheg, ei rhegi a'i diawlio wnaethoch chi. Ac wedyn fe ddywedodd hi y byddech chi'n cael sioc pan ddeuai'r cyfrif o'r banc, ac fe fyddech chi'n gweld nad oedd hi ddim yn gwastraffu eich arian chi, a hithau, Heulwen, yn meddwl y byddai popeth yn iawn rhyngoch chi'ch dau wedyn. Fel rydych chi'n gweld, rydw i'n gwybod y cwbl . . . y cyfan, achos bod Heulwen wedi dweud y cyfan wrth Heledd, a Heledd wedi dweud y cyfan wrtho i.'

Syrthiodd Siôn yn llipa i gadair, ei ben ar ei benliniau a griddfan, griddfan, 'O, beth wnes i . . . beth wnes i . . .'

Erbyn hyn roedd Twm wedi rhoi'r badell ffrio a'r fforc i lawr, a nawr safai uwchben y truan, Siôn, yn agor a chau ei ddyrnau. 'Ei lladd hi, dyna beth wnaethoch chi . . . ac fe allwn i eich lladd chi nawr, ond fe gewch chi fyw gyda'ch cydwybod am sbel i rwygo'ch enaid chi a'ch troi'n wallgof . . . ie, yn wallgof . . . Fe sylwais i fod y mini ar y buarth . . . handi iawn i fynd i lawr i'r pentref, ac fe fydda i'n ôl cyn bo hir gyda'r heddlu . . . a thra byddwch chi'n aros, mae digon o gig moch ac wyau yn y badell . . . digon i ddau . . .'

Pan ddaeth Twm yn ôl i'r fferm ymhen rhyw awr a phlismon gyda fe, doedd dim sôn am Siôn o gwmpas y lle, ond roedd nodyn mewn ysgrifen grynedig ar y bwrdd yn y gegin yn gadael y fferm a phob dim i Heledd, a'r nodyn wedi ei arwyddo gan 'Siôn Probert' . . .

Roedd yn ddigon hawdd meddwl ble i fynd i chwilio am Siôn. Aeth Twm a'r plismon yn syth i'r hen chwarel, ac yno y cafwyd corff Siôn yn gorwedd yn y twll ar waelod y dibyn, a'i lygaid yn syllu'n ddall ar yr awyr las uwchben.

dyrnau, *fists*

GEIRFA GYFFREDINOL

Abbreviations

a.—adjective
ad.—adverb
c.—conjunction
nf.—feminine noun
nm.—masculine noun

np.—plural noun
pn.—pronoun
prp.—preposition
v.—verb

A

acw, ad. *over there*
 yma ac acw, *here and there*
achos, c. *because*
achub, v. *to save*
adeg, nf. (adegau), *time, occasion*
adeilad, nm. *building*
adfeilion, np. *ruins*
adnabod, v. *to know (a person), to recognize, to be acquainted*
adnod, nf. *verse (of Bible)*
adref, ad. *homewards*
adrodd, v. *to relate, to recite*
addysg, nf. *education*
aer, nm. *air*
aflonyddu, v. *to disturb*
agored, a. *open*
angel, nm. *angel*
anghofio, v. *to forget*
anghysurus, a. *uncomfortable*
ail, a. *second*
 ail-greu. *re-create*
allwedd, nf. (allweddi), *key*
ambell, a. *occasional, some*
amgueddfa, nf. *museum*
amhosibl, a. *impossible*
aml, a. *frequent, often*
amlwg, a. *evident, obvious*
amryw, a. *several, various*
anadl, nm. *breath*
anadlu, v. *to breathe*
anaml, a. *infrequent*
anfon, v. *to send*
anhygoel, a. *incredible*
anniben, a. *untidy*
annibendod, nm. *mess, untidiness*
annwyl, a. *dear, beloved*
anobaith, nm. *despair*
anodd, a. *difficult, hard*
ar, prp. *on*
 ar ben, *on top, at an end*

ar draws, *across*
ar frys, *in a hurry, quickly*
ar gyfer, *for*
ar hyd, *along*
ar ôl, *after*
ar unwaith, *at once*
araf, a. *slow*
arall, a. (eraill), *other*
arbennig, a. *special*
arch, nf. *coffin*
ardal, nf. *district, region*
arddangos, v. *to show, to display*
arddangosfa, nf. *exhibition, display*
ardderchog, a. *excellent*
arfer, v. *to use, to be accustomed to*
arfer, nm. *custom, habit*
 fel arfer, *usually, as a rule*
arglwydd, nm. (arglwyddi), *lord*
arian, np. *money, silver*
arllwys, v. *to pour*
aros (am), v. *to wait, to await, to stop, to stay*
arswyd, nm. *terror*
arswydus, a. *terrible*
arwain, v. *to lead*
arweinydd, nm. *leader*
arwyddo, v. *to sign*
asgwrn, nm. (esgyrn), *bone*
astudio, v. *to study*
ateb, v. *to answer;* nm. *answer*
athrawes, nf. (athrawesau), *teacher (female)*
athro, nm. (athrawon), *teacher (male)*
aur, nm. *gold*
awdur, nm. *author*
awr, nf. (oriau), *hour*
awyr, nf. *air, sky*

B

baban, nm. *baby*
baco, nm. *tobacco*
baddonau, np. *baths*
balch, a. *proud, glad*
baner, nf. *flag, banner*

bardd, nm. (beirdd), *poet, bard*
barddoniaeth, nf. *poetry*
baw, nm. *dirt*
bedd, nm. (beddau), *grave*
begian, v. *to beg*
berwi, v. *to boil*
berwedig, a. *boiling*
bisged, nf. (bisgedi), *biscuit*
blaen, nm. *point, end*
　ar y blaen, *in front*
blanced, nf. *blanket*
blas, nm. *taste*
blawd, nm. *flour*
blêr, a. *untidy*
blewyn, nm. (blew), *hair, fur*
blinedig, a. *tired, weary*
blino, v. *to tire, to worry*
blwydd, nf. *year old*
blwyddyn, nf. (blynyddoedd), *year*
blynedd, np. *years (after numerals)*
　e.g., dwy flynedd
boch, nf. (bochau), *cheek*
bodlon, a. *willing, satisfied, pleased, content*
bodd, nm. *will, pleasure, mood*
　wrth ei fodd, *pleased, contented, in his*
　　element
boddi, v. *to drown*
bol, bola, nm. *belly, stomach*
botwm, nm. *button*
braich, nf. (breichiau), *arm*
braidd, ad. *almost, rather*
　o'r braidd, *hardly*
braf, a. *fine, nice, pleasant*
brân, nf. (brain), *crow*
brawddeg, nf. *sentence*
brecwast, nm. *breakfast*
brest, nf. *breast, chest*
breuddwyd, nm. *dream*
breuddwydio, v. *to dream*
bro, nf. *vale, region, country*
bron, ad. *nearly, almost*
brwd, a. *enthusiastic*
brwnt, a. *dirty, foul*
brwydr, nf. (brwydrau), *battle*
bryn, nm. (bryniau), *hill*
brys, nm. *hurry, haste*
　ar frys, *in a hurry*
brysio, v. *to hurry, to hasten*
brysiog, a. *hurried*
buan, a. *fast, quick, swift*
　yn fuan, *soon*
buarth, nm. *farmyard*

busnes, nm. *business*
busnesa, v. *to meddle*
busneslyd, a. *meddlesome*
buwch, nf. (buchod), *cow*
bwrdd, nm. *table, board*
bwrw, v. *to strike, to cast*
　bwrw eira, *to snow*
　bwrw glaw, *to rain*
bwthyn, nm. (bythynnod), *cottage*
bwyd, nm. *food*
　pryd o fwyd, *meal*
bwydo, v. *to feed*
bwyta, v. *to eat*
bychan, a. *small, little*
byd, nm. *world*
　dim byd, *nothing (anything)*
byr, a. *short*
byrdwn, nm. *chorus*
bys, nm. (bysedd), *finger*
byseddu, v. *to finger*
byth, ad. *ever, always*
byw, v. *to live, to dwell*
　a. *alive*
bywiog, a. *lively*
bywyd, nm. (bywydau), *life*

C

cadair, nf. (cadeiriau), *chair*
　cadair esmwyth, *easy chair*
cadw, v. *to keep, to preserve*
cae, nm. (caeau), *field*
caead, nm. *lid, cover*
cael, v. *to have, to get, to find*
caled, a. *hard, difficult*
　caletach, *harder*
calon, nf. (calonnau), *heart*
call, a. *wise, sensible*
camp, nf. (campau), *deed, achievement*
camu, v. *to step*
caniatâd, nm. *permission, consent*
canol, nm. *middle, centre*
　canol oed, *middle-aged*
canrif, nf. (canrifoedd), *century*
cant, nm. (cannoedd), *hundred*
canu, v. *to sing*
　canu grwndi, *to purr*
capel, nm. (capeli), *chapel*
capten, nm. (capteiniaid), *captain*
caredig, a. *kind*
cariad, nmf. *love, lover*
carreg, nf. (cerrig), *stone*
cartref, nm. (cartrefi), *home*

cartrefu, v. *to dwell, to set up home, to settle (in a home)*
caru, v. *to love, to make love, to court*
cas, a. *nasty, hateful*
câs, nm. *case*
  câs gwydr, *glass case*
casineb, nm. *hate, hatred, enmity*
caseg, nf. (cesig), *mare*
casglu, v. *to collect, to gather*
castell, nm. *castle*
cath, nf. (cathod), *cat*
cau, v. *to shut, to close*
  ar gau, *closed*
cefn, nm. *back*
  tu cefn, *behind*
ceffyl, nm. (ceffylau), *horse*
ceg, nf. (cegau), *mouth*
cegin, nf. (ceginau), *kitchen*
ceiliog, nm. (ceiliogod), *cockerel*
ceiniog, nf. (ceiniogau), *penny*
ceisio, v. *to try, to attempt*
celwydd, nm. (celwyddau), *lie, untruth*
cerdded, v. *to walk*
cert, nm. (certi, ceirt), *cart*
ci, nm. (cŵn), *dog*
cig, nm. (cigoedd), *meat*
  cig moch, *bacon*
cilio, v. *to retreat*
cist, nf. (cistiau), *chest, box*
claddfa, nf. (claddfeydd), *burial place*
claddu, v. *to bury, to inter*
clebran, v. *to chatter*
clefyd, nm. *sickness, disease*
  clefyd yr esgyrn, *rickets*
clir, a. *clear*
clirio, v. *to clear*
clo, nm. *lock*
  dan glo, *locked*
cloc larwm, nm. *alarm clock*
cloch, nf. (clychau), *bell*
  cloch ddŵr (clychau dŵr), *bubble*
cloddio, v. *to dig*
cloi, v. *to lock*
clust, nf. (clustiau), *ear*
clwt, nm. *patch*
clyfar, a. *clever*
clyw, nm. *hearing*
clywed, v. *to hear*
cnawd, nm. *flesh*
cnoi, v. *to bite, to chew*
codi, v. *to rise, to get up*
  codi ofn, *to frighten*

coeden, nf. (coed), *tree*
coedwig, nf. *forest*
coes, nf. (coesau), *leg*
cof, nm. *memory, mind*
  ar gof, *remembered, memorized*
coginio, v. *to cook*
coleg, nm. *college*
colled, nf. *loss*
colli, v. *to lose*
  ar goll, *lost*
côr, nm. (corau), *choir*
cordyn, nm. *cord*
corff, nm. (cyrff), *body, corpse*
coron, nf. (coronau), *crown*
cosb, nm. *punishment*
cosbi, v. *to punish*
crafu, v. *to scratch*
craff, a. *keen, perceptive*
craig, nf. (creigiau), *rock*
creadur, nm. (creaduriaid), *creature*
credu, v. *to believe*
creu, v. *to create*
creulon, a. *cruel*
creulondeb, nm. *cruelty*
crio, v. *to cry, to weep*
croen, nm. (crwyn), *skin, peel*
croes, nf. *cross*
croesawu, v. *to welcome*
croesi, v. *to cross*
croeso, nm. *welcome*
crwydro, v. *to wander, to stray*
crwydryn, nm. *wanderer, beggar, tramp*
cryf, a. *strong*
cryn, a. *considerable*
cryndod, nm. *shaking*
crynedig, a. *trembling*
crynu, v. *to shiver, to shake, to tremble*
crys, nm. (crysau), *shirt*
cuddio, v. *to cover, to hide*
curo, v. *to beat, to knock*
cusan, nf. *kiss*
cusanu, v. *to kiss*
cwbl, n. *all, everything*
  o gwbl, *at all*
cwch, nm. (cychod), *boat*
cweryla, v. *to quarrel*
cwerylgar, a. *quarrelsome*
cwm, nm. (cymoedd), *valley*
cwman, nm. *stoop, hunch*
  yn ei gwman, *hunched up*
cwmni, nm. *company*
cwmwl, nm. (cymylau), *cloud*

cwningen, nf. (cwningod), *rabbit*
cwpanaid, nm. *cupful*
cwpwrdd, nm. (cypyrddau), *cupboard*
cwrdd (â), v. *to meet*
   nm. *meeting*
cwrs, *(as in)* wrth gwrs, *of course*
cwrw, nm. *beer*
cwsmer, nm. (cwsmeriaid), *customers*
cwt (mochyn), nm. *sty*
cwyno, v. *to complain*
cychwyn, v. *to start, to commence*
cydio, v. *to grasp, to take hold of*
cyd-ddigwyddiad, nm. *coincidence*
cydradd, a. *equal*
cydwybod, nm. *conscience*
cydymdeimlad, nm. *sympathy*
cyfaill, nm. (cyfeillion), *friend*
cyfan, nm, *whole (the lot)*
cyfandir, nm. *continent*
cyfarth, v. *to bark*
cyfeillgar, a. *friendly*
cyfeillgarwch, nm. *friendship, friendliness*
cyfle, nm. *opportunity, chance*
cyflog, nm. *pay, salary, wages*
cyflym, a. *fast, speedy, quick*
cyfoethog, a. *rich*
cyfres, nf. *series*
cyfrif, nm. *account*
cyfrwys, a. *cunning*
cyffredin, a. *ordinary, common*
cyllell, nf. (cyllyll), *knife*
cymaint, a. *as large, as many*
cymal, nm. (cymalau), *joint*
cymeriad, nm. (cymeriadau), *character*
cymryd, v. *to take*
cyn, prp. *before*
cynffon, nf. *tail*
cynhesu, v. *to warm*
cynnar, a. *early, soon*
cynnau, v. *to light, to set alight*
cynnes, a. *warm*
cynnig, v. *to offer*
cyntedd, nm. *entrance hall*
cyrraedd, v. *to arrive, to reach*
cysgod, nm. (cysgodion), *shadow, shade*
cysgu, v. *to sleep*
cystadleuaeth, nf. *competition*
cysur, nm. *comfort*
cysurus, a. *comfortable*

CH

chwaer, nf. (chwiorydd), *sister*

chwaith, ad. *either, (neither)*
chwalu, v. *to scatter, to spread*
chwarel, nf. *quarry*
chwerthin, v. *to laugh*
chwibanu, v. *to whistle*
chwifio, v. *to wave*
chwilio, v. *to search*
chwip, nf. *whip*
chwipio, v. *to whip*
chwyddo, v. *to swell*
chwysu, v. *to sweat, to perspire*
chwythu, v. *to blow*

D

daear, nf. *earth, ground, land*
dafad, nf. (defaid), *sheep*
dagrau, np. *tears*
dal, v. *to hold, to catch, to continue*
dall, a. *blind, sightless*
damwain, nf. *accident*
dangos, v. *to show*
dant, nm. (dannedd), *tooth*
darganfod, v. *to discover*
darlun, nm. (darluniau), *picture*
darllen, v. *to read*
darn, nm. *piece*
deall, v. *to understand*
dechrau, v. *to begin*
defnyddio, v. *to use*
deffro, v. *to awake, to awaken*
deigryn, nm. (dagrau), *tear*
deilen, nf. (dail), *leaf*
derbyn, v. *to receive*
deunaw, a. *eighteen*
dewis, v. *to choose*
dewr, a. *brave*
diafol, nm. *devil*
dianc, v. *to escape, to flee*
diawl, nm. (diawliaid), *devil*
diawledig, a. *devilish*
dibyn, nm. *precipice*
diddordeb, nm. *interest*
diddorol, a. *interesting*
dierth (dieithr), a. *strange*
   dyn dierth, *stranger*
diferyn, nm. (diferion), *drop*
diflannu, v. *to disappear*
diflas, a. *tasteless, miserable*
diffodd, v. *to extinguish, to put out (a light)*
dig, a. *angry*
digalon, a. *downhearted, dispirited*
digon, ad. n. *enough*

digwydd, v. *to happen*
digysur, a. *comfortless*
dilyn, v. *to follow*
dim, nm. *anything, nothing*
  dim byd, *nothing at all*
  dim un, *not one*
diod, nf. *drink*
dioddef, v. *to suffer, to bear*
diogel, a. *safe*
diogelwch, nm. *safety*
disglair, a. *bright, shining*
disgleirio, v. *to shine*
disgwyl, v. *to expect, to await*
disgyn, v. *to descend, to fall*
disymud, a. *motionless, still*
di-waith, a. *unemployed*
diwedd, nm. *end*
  o'r diwedd, *at last*
diweddar, a. *late, recent*
diwethaf, a. *last*
diwrnod, nm. *day*
dod, v. *to come*
  dod â, *to bring*
  dod ar draws, *to come across, to discover*
  dod o hyd i, *to find, to discover*
dodi, v. *to place*
dodrefn, np. *furniture*
dosbarth, nm. *class*
dosbarthu, v. *to deliver*
draig, nf. *dragon*
drain, np. *thorns*
dringo, v. *to climb*
drôr, nm. *drawer*
dros, prp. *over, for*
  dros ben, *exceedingly, in excess*
  drosodd, *over, finished*
  drosodd a throsodd, *over and over again*
drud, a. *expensive, dear*
drwy, trwy, prp. *through, by*
drych, nm. *mirror*
dryslyd, a. *confused, puzzled*
drysu, v. *to confuse, to puzzle*
du, a. *black*
düwch, nm. *blackness*
Duw, nm. *God*
dweud, v. *to say*
dwfn, a. *deep*
dwl, a. *dull*
dwrn, nm. (dyrnau), *fist*
dwylo, np. *hands*
dwyn, v. *to take, to steal, to bear*
dwywaith, ad. *twice*

dy, pn. *thy*
dychmygol, a. *imaginary*
dychmygu, v. *to imagine*
dychryn, v. *to frighten, to be frightened*
  nm. *fright*
dyfnder, nm. *depth*
dylanwad, nm. *influence*
dysgl, nf. (dysglau), *dish*

E

edrych (ar), v. *to look (at)*
edrychiad, nm. *look*
efallai, ad. *perhaps*
eglurhad, nm. *explanation*
egluro, v. *to explain*
eglwys, nf. (eglwysi), *church*
eira, nm. *snow*
eisiau, nm. *need, want, lack*
eithaf, ad. *very, quite*
  eithaf da, *quite good*
emosiynol, a. *emotional*
ennill, v. *to win*
enwedig, a. *especial*
  yn enwedig, *especially*
enwog, a. *famous*
er, ad. *though, since*
  er mwyn, *in order to, for the sake of*
  er pan, *since (time)*
eraill, a. *others*
erbyn, prp. *against, by*
  erbyn hyn, *by now, by this time*
  yn erbyn, *against*
ergyd, nf. *blow*
erioed, ad. *ever*
esmwyth, a. *easy, comfortable*
estyn, v. *to reach, to stretch*
eto, ad. *again, still*
euog, a. *guilty*
ewyrth, nm. *uncle*

F

fel, c. *as, so, like*
felly, ad. *thus, therefore, so*
fi, myfi, pn. *I*
ficer, nm. *vicar*
fyny (i fyny), ad. *up, upwards*

FF

ffair, nf. *fair*
ffaith, nf. (ffeithiau), *fact*
ffasiwn, nm. *fashion*
  henffasiwn, a. *old-fashioned*

fferm, nf. *farm*
ffermdy, nm. *farmhouse*
ffermwr, nm. *farmer*
fflach, nf. *flash*
fflachio, v. *to flash*
fflam, nf. *flame*
ffôl, a. *foolish*
ffolineb, nm. *folly, foolishness*
fforc, nf. (ffyrc), *fork*
ffordd, nf. (ffyrdd), *way, road*
ffrae, nf. *quarrel*
ffraeo, v. *to quarrel*
ffres, a. *fresh*
ffrio, v. *to fry*
ffrog, nf. *frock*
ffrwyth, nm. (ffrwythau), *fruit*
ffurf, nf. *form, shape*
ffyddlon, a. *faithful*

G

gadael, v. *to leave, to allow*
gaeaf, nm. *winter*
gafael, v. *to grasp, to hold*
gair, nm. (geiriau), *word*
galw, v. *to call*
gallu, v. *to be able (can)*
gan, prp. *with, by, from*
gartref, ad. *at home*
gelyn, nm. (gelynion), *enemy*
gên, nf. *chin, jaw*
geni, v. *to be born, to bear*
glân, a. *clean, pure*
glan, nf. (glannau), *bank, shore*
  glan y môr, *sea-shore, seaside*
glas, a. *blue*
glaswellt, nm. *grass*
gobaith, nm. *hope*
gobeithio, v. *to hope*
godro, v. *to milk*
gofal, nm. *care*
gofalu am, v. *to take care of*
gofalus, a. *careful*
gofyn, v. *to ask*
gogledd, nm. *north*
golau, nm. *light*
goleuadau, np. *lights*
golchi, v. *to wash*
golwg, nmf. *sight*
  i bob golwg, *to all appearances*
  o'r golwg, *out of sight*
  yn y golwg, *within sight, in view*
golygfa, nf. *view, sight, scene*

golygus, a. *handsome, good-looking*
gollwng, v. *to release, to leak*
  gollwng gafael, *to release one's hold,*
  to let go
gorchudd, nm. *covering*
gorffen, v. *to finish, to end*
gorffennol, nm. *past (the past)*
gorffwys, v. *to rest*
gormod, nm. *excess, (too much)*
gorwedd, v. *to lie down*
griddfan, v. *to groan, to moan*
gris, nm. (grisiau), *stair, step*
grwnan, v. *to croon, to purr*
gwaed, nm. *blood*
gwaedgwn, np. *bloodhounds*
gwaedu, v. *to bleed*
gwael, a. *poor, bad, ill, vile*
gwaelod, nm. *bottom*
gwaeth, a. *worse*
gwaethaf, a. *worst*
gwag, a. *empty*
gwahanol, a. *different*
gwair, nm. *hay*
gwaith, nm. *work*
gwaith, nf. *time*
  dwywaith, *twice*
  weithiau, *sometimes*
gwallt, nm. *hair*
gwan, a. *weak*
gwario, v. *to spend*
gwartheg, np. *cattle*
gwas, nm (gweision), *manservant*
gwasanaeth, nm. *service*
gwasgu, v. *to press, to squeeze*
gwastad, a. *flat*
gwastraffu, v. *to waste*
gwau, v. *to knit*
gwawr, nf. *dawn*
gwawrio, v. *to dawn*
gwddf, gwddw, nm. *neck, throat*
gweddol, a. *fair, quite good*
gweddw, nf. *widow*
gwefus, nf. (gwefusau), *lip*
gweiddi, v. *to shout*
gweithio, v. *to work*
gweithiwr nm. (gweithwyr), *worker*
gweld, v. *to see*
gwelw, a. *pale*
gwelwi, v. *to grow pale*
gwely, nm. (gwelyau), *bed*
gwell, a. *better*
gwella, v. *to get better*

gwellt, nm. *straw*
gwên, nf. *smile*
gwenu, v. *to smile*
gwerth, nm. *worth, value*
  gwerth ei halen, *worth his salt*
gwerthu, v. *to sell*
gwich, nf. *squeak*
gwichian, v. *to squeak*
gwin, nm. *wine*
gwir, nm. *truth*
  yn wir, *indeed*
gwisgo, v. *to dress*
gwlad, nf. *country*
gwlyb, a. *wet*
gwneud, v. *to do, to make*
gwobr, nf. (gwobrau), *prize*
gŵr, nm. (gwŷr), *man, husband*
gwrach, nf. (gwrachod), *witch*
gwraig, nf. (gwragedd), *wife, woman*
gwrando, v. *to listen*
gwrthod, v. *to refuse*
gwthio, v. *to push*
gwybod, v. *to know (a fact)*
gwydn, a. *tough*
gwydr, nm. *glass*
gwyliau, np. *holidays*
gwylio, v. *to watch, to guard*
gwyllt, a. *wild, mad*
gwyn, a. *white*
gwynt, nm. (gwyntoedd), *wind, breath*
gyda, prp. *with, together with*
gyrru, v. *to drive*

H
haeddu, v. *to deserve*
haf, nm. *summer*
haid, nf. *swarm, flock*
halen, nm. *salt*
hallt, a. *salty*
hances, nf. *handkerchief*
hanes, nm. *history, story, tale*
hanner, nm. *half*
hapusrwydd, nm. *happiness*
hardd, a. *handsome, beautiful*
harddwch, nm. *beauty, splendour*
haul, nm. *sun*
hawdd, a. *easy*
heb, prp. *without*
hedd, nm. *peace*
heddiw, nm. *today*
heddlu, nm. *police*
heddwch, nm. *peace*

hefyd, ad. *also*
heibio (i), prp. *past, by, beyond*
hela, v. *to hunt*
helynt, nm. *trouble, fuss, bother*
hen, a. *old*
henaint, nm. *old age*
heno, ad. *tonight*
heol, nf. (heolydd), *road*
hir, a. *long*
hoelen, nf. *nail*
hoff, a. *fond*
hoffi, v. *to like*
holi, v. *to question, to enquire*
holwr, nm. *questioner*
holl, a. *all, whole*
hollol, a. *entire, whole*
hurt, a. *stupid, dull*
hwb, nm. *push*
hwrdd, nm. *ram*
hwyl, nf. *fun, delight*
hwylus, a. *convenient*
hwyr, a. *late*
hyd, prp. *to, till*
  ar hyd, *along*
  hyd yn oed, *even*
hyfryd, a. *pleasant, nice*
hyll, a. *ugly*

I
i, prp. *to, for*
  i fyny, *up*
  i ffwrdd, *away*
  i gyd, *all*
  i lawr, *down*
  i mewn, *in, inside*
  i mewn i, *into*
iach, a. *healthy*
iawn, ad. *very*
ifanc, a. *young*
isel, a. *low*
  isaf, *lowest*

L
lapio, v. *to wrap*
lolfa, nf. *lounge*
losin, np. *sweets*
lwfans, nm. *allowance*
lwmpyn, nm. *lump*

LL
lladd, v. *to kill*
llai, a. *less, smaller*

llais, nm. (lleisiau), *voice*
llall, pn. (lleill), *other, another*
llanc, nm. *youth*
llanw, v. *to fill*
llaw, nf. (dwylo), *hand*
llawen, a. *cheerful, merry*
llawenydd, nm. *cheerfulness, happiness, joy*
llawer, a. *many, much*
llawn, a. *full*
llawr, nm. *floor*
lle, nm. (lleoedd), *place*
  yn lle, *instead of*
llefain, v. *to cry out*
lleiaf, a. *least*
  o leiaf, *at least*
lleidr, nm. (lladron), *thief, robber*
llen, nf. (llenni), *curtain*
lleuad, nf. *moon*
llinell, nf. *line*
llipa, a. *limp, weak*
llithro, v. *to slip, to slide*
lliw, nm. (lliwiau), *colour*
llo, nm. *calf*
llofrudd, nm. *murderer*
llofft, nf. *upstairs*
llong, nf. (llongau), *ship*
llon, a. *merry*
llonydd, nm. *peace, quiet*
  a. *still, calm*
llosgi, v. *to burn*
llun, nm. (lluniau), *picture*
llusgo, v. *to drag*
llwy, nf. (llwyau), *spoon*
llwybr, nm. *path*
llwyddo, v. *to succeed*
llwyn, nm. (llwyni), *bush, grove*
llwynog, nm. *fox*
llydan, a. *wide*
llygad, nm. (llygaid), *eye*
llyn, nm. (llynnoedd), *lake*
llyncu, v. *to swallow*
llythyr, nm. (llythyrau), *letter*

M

mab, nm. (meibion), *son*
maddau, v. *to forgive*
maes, nm. (meysydd), *field*
  maes chwarae, *playing field*
magu, v. *to nurse, to breed*
mai, c. *that (in clauses)*
maint, nm. *size, quantity*
malu, v. *to grind, to smash*

mân. a. *small, tiny*
man, nmf. (mannau), *place*
manylion, np. *details*
marw, v. *to die*
  a. *dead*
  y meirw, *the dead*
marwolaeth, nf. *death*
mater, nm. (materion), *matter*
math, nm. (mathau), *sort, kind*
  pob math, *all sorts*
  rhyw fath, *some sort*
  gwahanol fathau, *different sorts*
mathemateg, nm. *mathematics*
mawr, a. *big, great, large*
meddw, a. *drunk*
meddwi, v. *to get drunk*
meddwl, nm. (meddyliau), *thought, mind*
meddwl, v. *to think, to mean, to intend*
meistr, nm. (meistri), *master*
melin, nf. *mill*
  melin bupur, *pepper mill*
  melin wynt, *windmill*
melyn, a. *yellow*
melys, a. *sweet*
melltith, nf. *curse*
melltithio, v. *to curse*
mentro, v. *to venture*
mentrus, a. *venturesome*
merch, nf. (merched), *girl, daughter, woman*
merlyn, merlen (merlod), nm. *pony*
mesur, v. *to measure*
methu, v. *to fail*
mewn, prp. *in (a)*
milwr, nm. (milwyr), *soldier*
milltir, nf. (milltiroedd), *mile*
mis, nm. (misoedd), *month*
mochyn, nm. (moch), *pig*
mor, ad. *as, so, how*
môr, nm. (moroedd), *sea*
morfil, nm. *whale*
môr-leidr, nm. (môr-ladron), *pirate*
morwyn, nf. (morynion), *maid*
mul, nm. (mulod), *mule*
munud, nf. (munudau), *minute*
mur, nm. (muriau), *wall*
mwg, nm. *smoke*
mwnci, nm. *monkey*
  llyncu mwnci, *to sulk*
mwy, a. *more, bigger, greater*
mwyar duon, np. *blackberries*
mwynhau, v. *to enjoy*
myfyriwr, nm. (myfyrwyr), *student*

mynd, v. *to go*
  mynd â, *to take*
mynnu, v. *to insist, to desire*
mynydd, nm. (mynyddoedd), *mountain*
mynyddig, a. *mountainous*

N

naill, pn. *either*
  ar naill ochr, *on either side*
nant, nf. *brook, stream*
natur, nf. *nature, temper*
naturiol, a. *natural*
neb, nm. *anyone, no one*
neges, nf. (negesau), *message*
neidio, v. *to jump, to leap*
nes, prp. *until*
nes, a. *nearer*
  nesaf, *next*
neu, c. *or*
neuadd, nf. *hall*
newid, nm. *change*
  v. *to change*
newydd, a. *new*
  newyddion, *news*
  o'r newydd, *anew*
nifer, nm. *number*
niferus, a. *numerous*
nofio, v. *to swim, to float*
nos, nf. (nosau), *night*
  gyda'r nos, *evening*
noson, nf. *night*
nyth, nm. (nythod), *nest*

O

o, prp. *from, of*
  o amgylch, *about, around*
  o gwmpas, *about, around*
  o gylch, *around, about*
  o hyd, *still, all the time*
  o flaen, *in front of*
ochr, nf. (ochrau), *side*
od, a. *odd, strange*
oed, nm. *(person's) age*
oen, nm. (ŵyn), *lamb*
oer, a. *cold*
oeri, v. *to become cold*
oerni, nm. *cold, (weather)*
oes, nf. (oesoedd), *age, lifetime*
ofer, a. *vain, wasteful*
  yn ofer, *in vain*
ofergoelus, a. *superstitious*
ofn, nm. (ofnau), *fear*

ofnadwy, a. *terrible, awful, dreadful*
ofni, v. *to fear, to be afraid*
ofnus, a. *timorous, frightened*
offer, np. *apparatus, instruments, tools*
oherwydd, c. *because, for*
ôl, nm. (olion), *trace, track*
  olion, *remains*
ôl, a. *back, rear*
  ar ôl, *after*
  y tu ôl i, *behind*
  yn ôl, *ago, back, according to*
ôl traed, np. *footprints*
olaf, a. *last*
ond, c. *but, only, except*
  dim ond, *only*
os, c. *if*

P

pa (as in) pa bryd, *when*
  pa ddyn, *which man*
  pa un, *which one*
  pa mor dal, *how tall*
  pa mor hir, *how long*
padell, nf. *pan, bowl*
  padell ffrio, *frying pan*
pafin, nm. *pavement*
pan, c. *when*
papur, nm. (papurau), *paper*
  papur newydd, *newspaper*
pâr, nm. (parau), *pair, couple*
para, parhau, v. *to last, to continue*
paratoi, v. *to prepare*
parch, nm. *respect*
parlwr, nm. *parlour*
parlysu, v. *to paralyse*
parod, a. *ready*
  yn barod, *already*
pawb, nm. *everybody*
pecyn, nm. *pack*
pechod, nm. (pechodau), *sin*
pedal, nm. (pedalau), *pedal*
peidio (â), v. *to cease, to stop*
peiriant, nm. (peiriannau), *engine, machine*
  peiriant golchi dillad, *washing machine*
pell, a. *far*
  pellach, *further*
  ymhellach, *further, furthermore*
pellter, nm. *distance*
pen, nm. (pennau), *head, end*
pen-blwydd, nm. *birthday*
penderfynu, v. *to decide, to determine*
penelin, nm. *elbow*

penglog, nf. (penglogau), *skull*
pen-lin, nf. (penliniau), *knee*
penlinio, v. *to kneel*
penllanw, nm. *high tide*
pentref, nm. (pentrefi), *village*
pentwr, nm. *heap, pile*
penwythnos, nm. *weekend*
perchen, nm. *owner*
perffaith, a. *perfect*
person, nm. *person*
pert, a. *pretty*
perthyn, v. *to belong, to be related*
perygl, nm. *danger*
peryglus, a. *dangerous*
peswch, nm. *cough*
peth, nm. (pethau), *thing*
  y fath beth, *such a thing*
piau, v. *(who) owns*
pigo, v. *to prick, to pick*
plaen, a. *plain*
plannu, v. *to plant*
plentyn, nm. (plant), *child*
pleser, nm. *pleasure*
plwm, nm. *lead (metal)*
plwyf, nm. *parish*
plygu, v. *to bend, to stoop, to fold*
pob, a. *every, each, all*
  pobman, *everywhere*
  pobun, *everyone*
  popeth, *everything*
poen, nmf. (poenau), *pain, ache*
poeni, v. *to pain, to ache, to worry, to trouble*
poenus, a. *painful*
poer, nm. *spit*
poeri, v. *to spit*
poeth, a. *hot*
pori, v. *to graze*
pregethwr, nm. *preacher*
presennol, a. *present*
pridd, nm. *soil, earth*
prif, a. *chief, main*
prifathro, nm. (prifathrawon), *headmaster*
prifathrawes, nf. (prifathrawesau),
  headmistress
prin, a. *rare, scarce*
priodas, nf. *wedding, marriage*
priodi, v. *to marry*
pryd, c. *when*
  ar y pryd, *at the time, then*
  bryd hynny, *at that time, then*
  pa bryd, *when, what time*

yr un pryd, *the same time*
ar brydiau, *at times*
pryd (o fwyd), nm. *meal*
prydferth, a. *beautiful, handsome*
prydlon, a. *prompt, punctual*
prynhawn, nm. *afternoon*
prynu, v. *to buy*
prysur, a. *busy*
punt, nf. (punnoedd), *pound (£)*
pupur, nm. *pepper*
pur, a. *pure*
pwdu, v. *to sulk*
pŵer, nm. *power*
pwll, nm. (pyllau), *pit*
  pwll glo, *coal-mine*
pwrs, nm. *purse*
pwy, pn. *who?*
  pwy bynnag, *whoever, whosoever*
pwys, nm. *pound (lb), weight, importance*
  o bwys mawr, *of great importance*
pwysau, np. *weight*
pwysig, a. *important*
pwyso, v. *to lean, to weigh*
pymtheg, a. *fifteen*
pysgod, nm. (pysgod), *fish*

R

rownd, prp. *round*
rwtsh, nm. *rubbish, nonsense*

RH

rhad, a. *cheap*
rhaff, nf. (rhaffau), *rope*
rhaglen, nf. (rhaglenni), *programme*
rhai, pn. *some, ones*
rhain, pn. *these, these ones*
  rheiny, *those, those ones*
rhan, nf. (rhannau), *part, share*
  rhannu, *to share*
  y rhan fwyaf, *most*
rhedeg, v. *to run, to flow*
rhedyn, np. *fern*
rheg, nf. *curse*
rhegi, v. *to swear, to curse*
rheol, nf. (rheolau), *rule*
  fel rheol, *as a rule*
rhes, nf. (rhesi), *row, rank*
rheswm, nm. (rhesymau), *reason*
rhew, nm. *ice, frost*
rhewgell, nf. *fridge*
rhewi, v. *to freeze*

rhif, nm. (rhifau), *number*
rhifo, v. *to count*
rhoi, v. *to give, to put*
rhuthro, v. *to rush*
rhwbio, v. *to rub*
rhwng, prp. *between, among*
rhwyf, nf. (rhwyfau), *oar*
rhwyfo, v. *to row*
rhwygo, v. *to tear, to rip*
rhwymo, v. *to bind, to tie*
rhy, ad. *too (much)*
rhydd, a. *free, loose*
rhyfedd, a. *strange*
rhyfel, nm. (rhyfeloedd), *war*
rhyw, a. *some*
  rhywbeth, *something*
  rhywbryd, *sometime*
  rhywle, *somewhere, some place*
  rhywsut, *somehow*
  rhywun, *someone*

S
sach, nf. *sack*
saethu, v. *to shoot*
sâl, a. *ill, sick, poor*
salwch, nm. *illness, ailment*
sathru, v. *to tread, to trample*
sawdl, nf. (sodlau), *heel*
sbienddrych, nm. *binoculars, telescope*
sbort, nm. *sport, fun*
sbri, nm. *spree, fun*
sefydlog, a. *permanent, settled*
sefyll, v. *to stand, to stay*
seren, nf. (sêr), *star*
serth, a. *steep*
sgrechain (sgrechian), v. *to shriek, to scream*
sgwâr, nm. *square*
siafins, np. *shavings, (wood)*
siapus, a. *shapely*
  siarad (â), v. *to talk, to speak*
sibrwd, v. *to whisper*
sicr, a. *sure, certain*
sigledig, a. *shaky*
siglo, v. *to shake, to rock, to swing*
silff, nf. (silffoedd), *shelf*
silff-ben-tân, nf. *mantlepiece*
simnai, nf. *chimney*
sioc, nm. *shock, surprise*
siom, nf. *disappointment*
siomedig, a. *disappointed*
sir, nf. (siroedd), *county*
siriol, a. *cheerful*

sisial, a. *to whisper, to murmur*
siŵr, a. *sure, certain*
siwrnai, nf. *journey*
smala, a. *jocular, funny*
sobor, a. *sober*
sodlau, np. *heels*
sôn, v. *to mention, to talk of*
  nm. *mention, sign*
smocio, v. *to smoke*
soser, nf. *saucer*
sownd, a. *fixed, fast*
stabl, nf. *stable*
stad, nf. *state, estate, condition*
storm, nf. (stormydd), *storm*
straen, nm. *strain*
stryd, nf. (strydoedd), *street*
stumog, nf. *stomach*
suddo, v. *to sink*
sut? *how? what sort?*
sŵn, nm. *noise*
  cadw sŵn, *to make a noise*
swnllyd, a. *noisy*
swper, nm. *supper*
swydd, nf. (swyddi), *job, county*
sych, a. *dry*
syched, nm. *thirst*
sychu, v. *to dry*
sydyn, a. *sudden*
sylw, nm. *attention, notice*
  tynnu sylw, *to draw one's attention*
sylwi, v. *to notice, to observe*
syllu, v. *to gaze, to stare*
syml, a. *simple*
symud, v. *to move*
syniad, nm. (syniadau), *idea, thought*
syn, a. *surprised, amazed*
synnu, v. *to wonder, to be surprised*
syrthio, v. *to fall*
syth, a. *straight, stiff*
sythu, v. *to stiffen, to straighten*

T
taclus, a. *tidy*
taer, a. *fervent, earnest*
tafarn, nf. (tafarnau), *inn, pub*
tafarnwr, nm. *innkeeper, publican*
taflu, v. *to throw, to fling*
tafod, nm. (tafodau), *tongue*
tafodi, v. *to cheek*
tagu, v. *to choke*
tal, a. *tall*
talcen, nm. *forehead*

talu, v. to pay
tamaid, nm. (tameidiau), piece, bit
tân, nm. (tanau), fire
taro, v. to strike, to hit
tarw, nm. (teirw), bull
tawel, a. quiet, calm, still, peaceful
tawelu, v. to become quiet, to grow calm
tawelwch, nm. stillness, quietness, quiet
tebyg, a. like, similar
　　yn fwy na thebyg, more than likely
teg, a. fair, fine, beautiful
　　chwarae teg, fair play
tegell, nm. kettle
teimlad, nm. (teimladau), feeling
teimlo, v. to feel, to handle
telerau, np. terms
teisen, nf. (teisennau), cake
teithio, v. to travel, to journey
teledu, nm. television
teleffon, nm. telephone
telyn, nf. harp
temtio, v. to tempt
tenau, a. thin
tendio, v. to tend, to take care
teulu, nm. (teuluoedd), family
tew, a. fat, stout, thick
tin, nf. (tinau), backside
tipyn, nm. bit, little
tir, nm. (tiroedd), land, earth, ground
tirfeddianwyr, np. landowners
tir comin, common land
tlawd, a. poor, needy
tloty, nm. (tlotai), poorhouse, workhouse
to, nm. (toeau), roof
tôn, nf. (tonau), tune, tone
ton, nf. (tonnau), wave
torri, v. to break, to cut
torth, nf. (torthau), loaf
tra, ad. very, extremely
　　c. while
traeth, nm. beach
tragwyddol, a. eternal
tref, nf. (trefi), town
trefn, nf. order, arrangement
trefnu, v. to arrange, to put in order
trin, v. to treat, to deal with
trist, a. sad
tristwch, nm. sadness
tro, nm. (troeon), turn, time
　　mynd am dro, to go for a walk
troed, nf. (traed), foot
troi, v. to turn, to twist

truan, nm. wretch
trugarog, a. merciful
trwm, a. heavy
trwy, prp. through, by
trwyn, nm. (trwynau), nose
trydan, nm. electricity
trysor, nm. (trysorau), treasure
tu allan, outside
tu ôl, behind
tu mewn, inside
tua, prp. towards, about
　　tua dwsin, about a dozen
twba, nm. tub
twll, nm. (tyllau), hole
twp, a. stupid
twyn, nm. hillock, knoll, hill
tŷ, nm. (tai), house
tyfu, v. to grow
tymer, nf. temper
tymor, nm. (tymhorau), season
tyn, a. tight
tyner, a. tender
tynnu, v. to pull, to draw
tywod, nm. sand
tywydd, nm. weather
tywyll, a. dark
tywyllwch, nm. darkness

U

uchel, a. high
　uwch, higher
uffern, nf. hell
unig, a. only, lonely
union, a. straight, direct
　　yn union, exactly
unwaith, ad. once
uwchben, prp. above

W

wal, nf. (waliau), wall
wedi, prp. after
wedyn, ad. afterwards
weithiau, ad. sometimes
wrth, prp. by, with, because, as
ŵy, nm. (wyau), egg
wylo, v. to weep
wyneb, nm. (wynebau), face, surface
　　ar yr wyneb, on the surface
wynebu, v. to face, to confront
wythnos, nf. (wythnosau), week

Y

ychydig, a. *little, few*
yfed, v. *to drink*
yfory, ad. *tomorrow*
yma, ad. *here, this*
ymborth, nm. *food, sustenance*
ymdrechu, v. *to strive, to endeavour*
ymdrochi, v. *to bathe*
ymddangos, v. *to appear, to seem*
ymhellach, ad. *furthermore, further*
ymennydd, nm. *brain*
ymladd, v. *to fight*
ymlaen, ad. *on, onward*
ymolchi, v. *to wash*
ymweld (â), v. *to visit*

ymyl, nm. (ymylon), *edge, rim, border*
ymysg, prp. *among, amidst*
yn ystod, *during*
yna, ad. *there, then*
yno, ad. *there, in that place*
ysbryd, nm. *spirit, ghost*
ysbyty, nm. *hospital*
ysgafn, a. *light, (weight)*
ysgrifen, nf. *writing*
ysgwyd, v. *to shake, to wag, to sway*
ysgwydd, nf. (ysgwyddau), *shoulder*
ystafell, nf. (ystafelloedd), *room*
  ystafell wely, *bedroom*
ystyr, nm. *meaning*